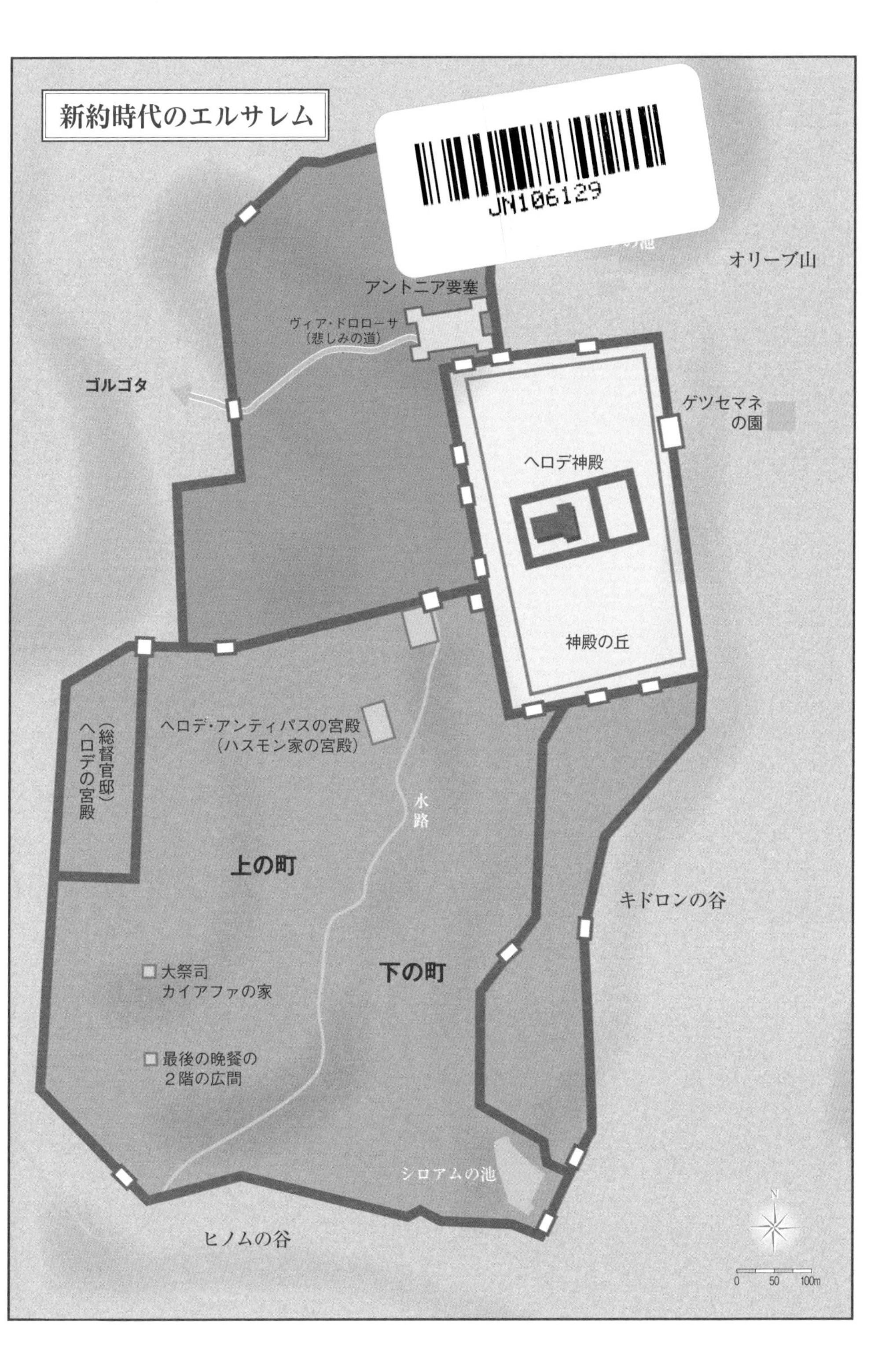
新約時代のエルサレム
オリーブ山
アントニア要塞
ヴィア・ドロローサ
(悲しみの道)
ゴルゴタ
ゲツセマネ
の園
ヘロデ神殿
神殿の丘
(総督官邸)
ヘロデの宮殿
ヘロデ・アンティパスの宮殿
(ハスモン家の宮殿)
水路
上の町
下の町
キドロンの谷
大祭司
カイアファの家
最後の晩餐の
2階の広間
シロアムの池
ヒノムの谷
N
0 50 100m

新約聖書の教え

The New Testament

聖書協会共同訳対応版

キリスト教学校教育同盟 編

創元社

はじめに：新約聖書を学ぶにあたって

> 「初めに言があった。言は神と共にあった。言は神であった。この言は、初めに神と共にあった。万物は言によって成った。言によらずに成ったものは何一つなかった。言の内に成ったものは、命であった。この命は人の光であった。光は闇の中で輝いている。闇は光に勝たなかった。」
>
> （ヨハネによる福音書1：1-5）

聖書を手にしてみましょう。とても分厚く重たい書物です。聖書は旧約聖書と新約聖書からできています。それぞれの目次を開くと、旧約には39、新約には27の書名があります。しかし、聖書はもともとこの形にまとまっていたのではなく、一つひとつが独立した巻物でした。旧約が39巻、新約は27巻からなっていると言われるのはそのためです。

新約、旧約の「約」は、約束、契約を意味します。約束、契約とは普通、それを取り交わすお互いの合意のもとに成り立つものですが、聖書の場合は違います。神が一方的な愛によって、私たち人間に祝福を与える約束です。そして、そのたくさんの証しが集められたものが聖書であると言えるのです。ですから、聖書を読み、神との約束を守りながら生きることを通して、私たちは、神に喜ばれる人としてよりよく成長させられていくのです。

ここからはいよいよ新約聖書の世界にご案内します。

新約とは、「イエスを救い主（ギリシア語でキリスト、ヘブライ語でメシア）と信じるなら、誰でも救われる」という、神が全人類に与えた約束です。新約聖書は、神によってこの世に送られたイエスが人々を救い出すというイエス自身の言動に基づくものと、このことをイエスの弟子たちが証ししているものによって構成されています。

私たちが新約聖書を読むとき、そこに示されていることが、実は現代を生きる私たち自身にとっての真理でもあり、この真理に基づいて生きることこそが、神が私たちに求めている生き方であり、この世に神の平和を実現することにつながっていくということに、誰もが気づくはずです。

さあ、新約聖書の扉を開きましょう。

コリント

新約聖書の教え　目次

第1章 イエスの誕生と宣教準備

第2章 イエスの宣教活動

第3章 イエスの受難・復活と教会の誕生

第4章 教会の迫害とパウロの宣教活動

第5章 手紙と黙示文学

凡例……………………………………………………………………………………………

- 聖書からの引用は、日本聖書協会発行の『聖書　聖書協会共同訳』によりました。
- 聖書箇所は、「書名　章：節（詩編は編：節）」で示しました。
- キリスト教用語や中学校卒業までに習わない漢字を中心にルビを振りました。

旧約聖書39巻一覧表

書　名	英語書名	英語略記	分　類
創世記	Genesis	Gen	律法（モーセ五書）
出エジプト記	Exodus	Ex	
レビ記	Leviticus	Lev	
民数記	Numbers	Num	
申命記	Deuteronomy	Deut	
ヨシュア記	Joshua	Josh	歴史書
士師記	Judges	Judg	
ルツ記	Ruth	Ruth	
サムエル記上	1 Samuel	1Sam	
サムエル記下	2 Samuel	2Sam	
列王記上	1 Kings	1Kgs	
列王記下	2 Kings	2Kgs	
歴代誌上	1 Chronicles	1Chr	
歴代誌下	2 Chronicles	2Chr	
エズラ記	Ezra	Ezra	
ネヘミヤ記	Nehemiah	Neh	
エステル記	Esther	Esth	
ヨブ記	Job	Job	文学書
詩編	Psalms	Ps	
箴言	Proverbs	Prov	
コヘレトの言葉	Ecclesiastes	Eccl	
雅歌	Song of Solomon	Song	
イザヤ書	Isaiah	Is	預言書
エレミヤ書	Jeremiah	Jer	
哀歌	Lamentations	Lam	
エゼキエル書	Ezekiel	Ezek	
ダニエル書	Daniel	Dan	
ホセア書	Hosea	Hos	
ヨエル書	Joel	Joel	
アモス書	Amos	Amos	
オバデヤ書	Obadiah	Obad	
ヨナ書	Jonah	Jon	
ミカ書	Micah	Mic	
ナホム書	Nahum	Nah	
ハバクク書	Habakkuk	Hab	
ゼファニヤ書	Zephaniah	Zeph	
ハガイ書	Haggai	Hag	
ゼカリヤ書	Zechariah	Zech	
マラキ書	Malachi	Mal	

新約聖書27巻一覧表

書　名	英語書名	英語略記	分　類	
マタイによる福音書（ふくいんしょ）	Matthew	Mt	共観福音書（きょうかんふくいんしょ）	福音書
マルコによる福音書	Mark	Mk	共観福音書（きょうかんふくいんしょ）	福音書
ルカによる福音書	Luke	Lk	共観福音書（きょうかんふくいんしょ）	福音書
ヨハネによる福音書	John	Jn	第四福音書	福音書
使徒言行録（しとげんこうろく）	Acts	Acts		証言と歴史
ローマの信徒（しんと）への手紙	Romans	Rom	四大書簡	手紙（パウロの手紙）
コリントの信徒への手紙一	1 Corinthians	1Cor	四大書簡	手紙（パウロの手紙）
コリントの信徒への手紙二	2 Corinthians	2Cor	四大書簡	手紙（パウロの手紙）
ガラテヤの信徒への手紙	Galatians	Gal	四大書簡	手紙（パウロの手紙）
エフェソの信徒への手紙	Ephesians	Eph	獄中書簡（ごくちゅうしょかん）	手紙（パウロの手紙）
フィリピの信徒への手紙	Philippians	Phil	獄中書簡（ごくちゅうしょかん）	手紙（パウロの手紙）
コロサイの信徒への手紙	Colossians	Col	獄中書簡（ごくちゅうしょかん）	手紙（パウロの手紙）
テサロニケの信徒への手紙一	1 Thessalonians	1Thes	初期書簡	手紙（パウロの手紙）
テサロニケの信徒への手紙二	2 Thessalonians	2Thes	初期書簡	手紙（パウロの手紙）
テモテへの手紙一	1 Timothy	1Tim	牧会書簡（ぼっかいしょかん）	手紙（パウロの手紙）
テモテへの手紙二	2 Timothy	2Tim	牧会書簡（ぼっかいしょかん）	手紙（パウロの手紙）
テトスへの手紙	Titus	Tit	牧会書簡（ぼっかいしょかん）	手紙（パウロの手紙）
フィレモンへの手紙	Philemon	Phlm	獄中書簡	手紙（パウロの手紙）
ヘブライ人への手紙	Hebrews	Heb		手紙（パウロ以外の手紙）
ヤコブの手紙	James	Jas	公同書簡（こうどうしょかん）	手紙（パウロ以外の手紙）
ペトロの手紙一	1 Peter	1Pet	公同書簡（こうどうしょかん）	手紙（パウロ以外の手紙）
ペトロの手紙二	2 Peter	2Pet	公同書簡（こうどうしょかん）	手紙（パウロ以外の手紙）
ヨハネの手紙一	1 John	1Jn	公同書簡（こうどうしょかん）	手紙（パウロ以外の手紙）
ヨハネの手紙二	2 John	2Jn	公同書簡（こうどうしょかん）	手紙（パウロ以外の手紙）
ヨハネの手紙三	3 John	3Jn	公同書簡（こうどうしょかん）	手紙（パウロ以外の手紙）
ユダの手紙	Jude	Jude	公同書簡（こうどうしょかん）	手紙（パウロ以外の手紙）
ヨハネの黙示録（もくしろく）	Revelation	Rev		啓示（けいじ）

第1章 イエスの誕生と宣教準備

1　イエスの誕生と少年時代
2　イエスの洗礼
3　荒れ野の試み
4　弟子たちとの出会い

1
イエスの誕生と少年時代

イエスの誕生

イエス（「神は救い」の意味を持つユダヤ名ヨシュアのギリシア語訳）は、ヘロデ王の治世（ちせい）（B.C.37〜4年）の末期に誕生しました。父はガリラヤのナザレの大工のヨセフで、母はヨセフの婚約者であったマリアでした。聖霊（せいれい）によって身ごもったマリアは天使の知らせの通り、生まれたその子をイエスと名づけます。イエスには、ヤコブ、ヨセ、ユダ、シモンの4人の弟と何人かの妹がいたようです（マルコ6:3）。

イエスが生まれたと伝えられる場所（ベツレヘムの聖誕教会）

イエスの誕生についての物語が記されているのは、マタイとルカの2つの福音書です（マタイ1：18-2：23、ルカ1：26-56、2：1-40）。

マタイによる福音書では、東方の博士たちが登場し、ルカによる福音書では、羊飼いたちが登場します。それぞれの福音書には次のようにあります。

「東方の博士たちがエルサレムにやって来て、言った。『ユダヤ人の王としてお生まれになった方は、どこにおられますか。私たちは東方でその方の星を見たので、拝みに来たのです。』」（マタイ2：1-2）

「さて、その地方で羊飼いたちが野宿をしながら、夜通し羊の群れの番をしていた。」（ルカ2：8）

2つの物語を読み比べてみましょう。

Question

（マタイによる福音書より）

①イエスという名の由来がマタイによる福音書（マタイ1：18-25）に書かれています。見つけてみましょう。

②イエスの誕生場面で「インマヌエル」という言葉が出てきます。どういう意味でしょうか。

③博士たちは「東方」からやって来ます。東方とはどのあたりでしょうか。また、彼らが持参した贈り物について調べてみましょう。

（ルカによる福音書より）

④イエスの前に誕生した洗礼者ヨハネとイエスとは、どのような関係だったのでしょうか。

⑤イエスの誕生が羊飼いたちに最初に知らされた意味を考えてみましょう。

少年時代のイエス

少年時代のイエスの姿は、ルカによる福音書に描かれています（ルカ2：22-52）。

ある日、幼子イエスは、両親に神殿へ連れて行かれました。律法にならって、神に仕える者としての祈りをささげるためです。神殿では、信仰あついシメオンを通して祝福を受けたり、女預言者アンナが救いを待ち望む人々に幼子イエスのことを話したりする出来事がありました。その後、親子は自分たちの故郷ガリラヤのナザレに戻り、「幼子は成長し、強くなり、知恵に満ち、神の恵みがその上に」ありました（ルカ2：40）。

成長して12歳になった少年イエスは、エルサレムで行われる過越祭に両親と共に参加していました。その日、イエスは祭りが終わっても神殿にとどまっていました。一緒に帰路についていたと思っていた両親はイエスがいないことに気づき、彼を捜しながらエルサレムに引き返します。

3日後、イエスが神殿の境内で教師たちの真ん中に座り、話を聞いたり質問したりしているのを見つけた両親は驚き、母マリアは言いました。「なぜ、こんなことをしてくれたのです。御覧なさい。お父さんも私も心配して捜していたのです。」（ルカ2：48）

するとイエスは言いました。「どうして私を捜したのですか。私が自分の父の家にいるはずだということを、知らなかったのですか」（ルカ2：49）。両親にはこの言葉の意味がわかりませんでした。

その後、イエスはナザレに帰り、両親に仕えて暮らしました。

Question

①「私が自分の父の家にいるはずだということを、知らなかったのですか」とはどういう意味でしょうか。ヒントは、父とは誰か、父の家とはどこかを考えてみることです。

②「母はこれらのことをみな心に留(と)めていた」(ルカ2:51)と聖書にはあります。母マリアはどのような思いでいたのか想像してみましょう。天使からイエスを産むことを告げられたときのマリアの心境を思い浮かべてみてください。

両親の家のキリスト(ジョン・エヴァレット・ミレイ、1850年)

2
イエスの洗礼

（マタイ 3 : 1-17、ルカ 3 : 1-22）

洗礼者ヨハネ

イエスが神の国と人々の救いについて教え伝える活動のことを宣教と言います。イエスの宣教の第一声は「時は満ち、神の国は近づいた。悔い改めて、福音を信じなさい」（マルコ1 : 15）というものでした。福音は英語でgospelと言います。この世の救い主としてイエス・キリストが与えられたこと、これこそが最も良い知らせであるという意味です。

さて、イエスの具体的な宣教を学ぶ前に、重要な人物と出来事について見ておきます。

ルカによる福音書によると、イエスが誕生する前にヨハネという人物が誕生しています（ルカ1 : 57-66）。「主の御手がこの子と共にあった」（ルカ1 : 66）とある通り、彼には神から特別な使命が与えられます。後に彼は、洗礼者ヨハネと呼ばれるようになりました。

ヨハネから洗礼を受ける

神の言葉が荒れ野でザカリアの子ヨハネに降り、ヨハネはヨルダン川沿いの地方一帯で、罪の赦しを得させるための悔い改めの洗礼を授けていました。そして、「私は、悔い改めに導くために、あなたがたに水で洗礼を授けているが、私の後から来る人は、私より力

イエスが洗礼を受けたとされるヨルダン川

のある方で、私は、その履物をお脱がせする値打ちもない。その方は、聖霊(せいれい)と火であなたがたに洗礼をお授けになる」(マタイ3:11)と告げたのです。

イエスがこのヨハネから洗礼を受けて祈っていると、天が開け、聖霊が鳩(はと)のように目に見える姿でイエスの上に降ってきました。そして次のような声が聞こえました。

「これは私の愛する子、私の心に適(かな)う者。」(マタイ3:17)

Question

①洗礼者ヨハネの宣教の第一声はどういう言葉でしょうか。

②マタイによる福音書に預言者(よげんしゃ)イザヤの言葉として登場する「荒れ野で叫ぶ者」「主」(マタイ3:3)とはそれぞれ誰のことでしょうか。

③洗礼者ヨハネの服装や食事について調べてみましょう。

④「私は、その履物をお脱がせする値打ちもない」とはどういう意味でしょうか。

⑤聖書に登場する鳩は何を表わしているのか、考えてみましょう。

3
荒れ野の試み
（マタイ 4：1-11、マルコ 1：12-13、ルカ 4：1-13）

最初の試み　イエスは、洗礼者ヨハネから洗礼を受けると、宣教に出る前に、荒れ野（あの）で悪魔の試みを受けます。霊（れい）に導かれて荒れ野に着いたイエスは、40日間、断食（だんじき）をします。空腹を覚えていたまさにそのとき、「試みる者」が来て、最初の試みの言葉をかけたのです。

「神の子なら、これらの石がパンになるように命じたらどうだ」（マタイ4:3）。これに対してイエスは次のように答えます。

「『人はパンだけで生きるものではなく、神の口から出る一つ一つの言葉によって生きる』と書いてある。」（マタイ4:4）

2回目の試み　次に悪魔はイエスを聖なる都に連れて行き、神殿の端に立たせます。そして言いました。

「神の子なら、飛び降りたらどうだ。『神があなたのために天使たちに命じると、彼らはあなたを両手で支え、あなたの足が石に打ち当たらないようにする』と書いてある」（マタイ4:6）。これに対してイエスは次のように答えます。

「『あなたの神である主（しゅ）を試してはならない』とも書いてある。」（マタイ4:7）

3回目の試み　今度は、悪魔はイエスを非常に高い山に連れて行きます。そこでこの世のすべての国々とその栄華を見せて試みます。

「もし、ひれ伏して私を拝むなら、これを全部与えよう」（マタイ4:9）。これに対してイエスは次のように答えます。

「退け、サタン。『あなたの神である主を拝み、ただ主に仕えよ』と書いてある。」（マタイ4:10）

こうして3回の試みをイエスは退けました。するとイエスのもとに天使たちが来て彼に仕えたのです。

Question

①イエスが受けた試みは3回でした。聖書における数字の持つ意味について調べてみましょう。

②悪魔の3回の試みの言葉に対するイエスの答えはそれぞれどういう意味なのか、考えてみましょう。

③イエスと悪魔の発言の中の『　』は、旧約聖書からの引用を示しています。彼らはどのような思いで語っていると思いますか。

COLUMN

試み　私たちも日常生活の中で試みを受けることがあります。そのことを思い浮かべると、イエスが悪魔からなぜ試みを受けたのかがわかってくるかもしれません。また、天使がイエスを助けることなく、イエス自身が試みに打ち勝つ姿を通して、神によってこの世に遣（つか）わされたイエスの本当の姿が見えてくるのではないでしょうか。

4
弟子たちとの出会い

（マタイ 4 : 18-22、9 : 9-13、マルコ 1 : 16-20、2 : 13-17、ルカ 5 : 1-11、5 : 27-32）

宣教の開始

イエスは、洗礼者ヨハネが逮捕された後、ガリラヤに戻ります。そしてガリラヤ湖畔の町カファルナウムを中心にいよいよ宣教を開始します。

「時は満ち、神の国は近づいた。悔い改めて、福音を信じなさい。」（マルコ1 : 15）

これが宣教開始の言葉です。旧約聖書において神が約束していた救いの時がやって来る、神の国（神の支配）が訪れる、今こそ神に立ち返り福音（良い知らせ）を信じなさい、という意味です。

この言葉の通り、イエスの宣教の中心は、神の国の福音です。神の国（マタイによる福音書では「天の国」）とは、はるかかなたの空高くにある世界のことではありません。また、死後の世界のことでもありません。人間が政治的な革命（武力、経済力などの権力）によって築き上げる国家のことでもありません。さらに、人間が道徳的な努力や修行によって到達できる境地というものでもありません。神の国とは、神が王として支配している世界、神が人間に対して示す理想的な生き方がなされている状態を指すのです。

イエスが弟子たちに教えた「主の祈り」の中にも「み国が来ますように」とあるように、神の国は神のほうからやって来るものです。もちろんそのためには私たち人間の努力も必要です。地上においては、その祈りはまだ達成されていません。神の国が完全に実現するのは将来、すなわち「世の終わり」と聖書で呼ばれているときです（マタイ28:20など）。しかし、イエスの出現によって、現在すでに私たちの住むこの地上に実現しつつあることが告げられます（ルカ17:21）。

神の国は、人々が神との愛の交わりの中で、本来あるべき自分を取り戻し、自由で幸せな日々を過ごすことができる世界です。まさにこのことが福音であり、イエスはこの神の国の福音を宣（の）べ伝えるためにこの世に来たのでした。

Question

①私たちが生きている現代は、どのような世界でしょうか。自分の身の周りや地域、日本、そして世界で起きている事柄を思い浮かべ、神の国（天の国）と比較して考えてみましょう。

②なぜイエスの出現によって神の国は実現しつつあると言えるのでしょうか。聖書から学んでみましょう。

弟子たちを招く

イエスがガリラヤ湖のほとりを歩いていると、ペトロと呼ばれるシモンとその兄弟アンデレが湖で網を打って漁をしていました。「私に付いて来なさい。人間をとる漁師にしよう」（マタイ4:19）とイエスに言われた2人は網を捨ててイエスに従います。

イエスはさらに、ゼベダイの子ヤコブとその兄弟ヨハネらも弟子にしました。彼らは漁を終えて網の手入れをしていましたが、

アンデレとシモン・ペトロを招くキリスト（ジュスト・デ・メナブオイ、14世紀）

イエスに呼ばれると、舟と父親を残してイエスに従いました。その後、イエスは病人を癒やし、説教をし、奇跡を起こしながら宣教を進めたのです。

あるとき、通りがかりに徴税人マタイ（マルコ、ルカによる福音書ではレビ）と出会い、彼を弟子にしました。そしてマタイの家でほかの多くの徴税人や罪人たちと共に食事をしました。この様子を見て、文句を言ったファリサイ派の律法学者に対して、イエスは「医者を必要とするのは、丈夫な人ではなく病人である。〔中略〕私が来たのは、正しい人を招くためではなく、罪人を招くためである」と言いました（マタイ9:9-13）。

イエスの弟子と呼ばれるのは12人です。イエスはあるとき山に登り、自分に従っていた弟子たちの中から12人を任命し、使徒と名づけました（マタイ10：1-4、マルコ3：13-19、ルカ6：12-16）。それは、彼らを自分のそばに置いて、彼らと共に宣教活動を行うため、また、彼らを宣教に遣わし、悪霊を追い出す力を与えるためでした。彼らは、漁師、徴税人、農夫、手工業者、熱心党員などでしたが、弟子としての特別な資格があったというわけではなく、イエスの招きに素直に従った人たちでした。

Question

①「人間をとる漁師」とはどういう意味でしょうか。

②イエスに従う４人の漁師の決意は、どのようなところに表れていますか。

マタイの召命（カラヴァッジョ、1599〜1600年）

第2章
イエスの宣教活動

5
教え①：幸いな人、地の塩・世の光

イエスはガリラヤ中を回って、会堂（かいどう）や家の中、時には屋外（平地や山の上）で教え、神の福音を宣（の）べ伝えました。イエスはたくさんの説教を行いましたが、中でも大切なのが、マタイによる福音書5〜7章に記されている山上（さんじょう）の説教と呼ばれるものです。あるとき、イエスが弟子たちと群衆に対して、山に登って説教をしたという設定で記されています。ここではその中の代表的なものを学んでいきます。

幸いな人

最初に、天の国（神の国）に生きる幸いな人たちの生き方が示されます（マタイ5：3-12）。この箇所を聖書で読み始めると、心の貧しい人、悲しむ人、義（ぎ）のために迫害された人が幸いな人であると言われています。それらの人がなぜ幸いなのか、なかなかわからないのではないでしょうか。一方で、へりくだった人、義に飢え渇く人、憐（あわ）れみ深い人、心の清い人、平和を造る人も幸いな人であると言われています。こちらは比較的理解しやすいでしょう。

いずれにせよ、ここで私たちが考えるべきことは、本当の幸せとは何かということです。生きていく上で私たちはさまざまな経験をします。それら一つひとつの場面で、どのようなときも私た

パレスチナの農民たち

ちと共にいて、常に私たちを愛する神を信頼し、祈り、自分ではなく神を中心にして素直な心で生きていく人、神の前に互いに愛し合い、平和を造り出し、正しく生きる人こそが真に幸せな人であり、そのような人の生き方が神の国を実現することになるのです。

- 心の貧しい人：心砕け、頼るのは神のみだと信じて生きる人。
- 悲しむ人：悲しみの中で、ひたすら神の慰(なぐさ)めを待ち望む人。
- へりくだった人：優しく、従順で、神にこそ望みをかける人。
- 義に飢え渇く人：どこまでも神の義を追い求める人。
- 憐れみ深い人：苦しむ人と共に苦しむ人。
- 心の清い人：素直な心を神に向けて生きる人。
- 平和を造る人：神の愛に基づく平和を造り出す人。
- 義のために迫害された人：身の危険を脅かされながらも神の正義の実現のために努力する人。

Question

①この世における幸いと神の国における幸いの違いについて考えてみましょう。

②聖書には山を場面にした出来事が数多く登場します。なぜでしょうか。次の場面も参考にして考えてみましょう。

- イエスの姿が変わる（マタイ17:1-13）
- 主（しゅ）の晩餐（ばんさん）の直後（マタイ26:30）

地の塩・世の光

幸いな人の教えに続いて、イエスは次のように話しました。

「あなたがたは地の塩である。だが、塩に塩気がなくなれば、その塩は何によって塩味が付けられようか。〔中略〕あなたがたは世の光である。〔中略〕あなたがたの光を人々の前に輝かせなさい。人々が、あなたがたの立派な行いを見て、天におられるあなたがたの父を崇（あが）めるようになるためである。」（マタイ5:13-16）

「地の塩」「世の光」というセットで読まれるこの箇所は、私たちがこの地上で、この世でどのように生きることが大切なのかということを、塩と光というキーワードを用いてわかりやすく示しているのです。

塩は私たちが食事をする際には目に見えないことが多いですが、調理をする段階で欠かせないものです。料理の味を引き立て、腐敗を防ぎます。

光は闇（やみ）を照らします。真っ暗なところに一筋の光が差し込むことで、人は新たな一歩を踏み出すことができます。

イエスは、塩と光のそれぞれの効果を示しながら、私たち人間に、塩や光のようにこの世での人生を生きなさいと招いているのです。

Question

地の塩・世の光として生きるということは、家庭で、学校で、社会でどのように生きることだと思いますか。具体例を話し合ってみましょう。

山上の説教（フラ・アンジェリコ、15世紀）

6
教え②：敵を愛しなさい、求めなさい

敵を愛しなさい　イエスの教えの中でも、実行するのが最も難しいものの1つと言えるのが、この「敵を愛しなさい」という教え（マタイ5：43-48）ではないでしょうか。

当時の人々は、「隣人（りんじん）を愛し、敵を憎め」ということは聞いていました。しかしイエスは「敵を愛し、迫害する者のために祈りなさい」（マタイ5：44）と言ったのです。そして「自分を愛してくれる人を愛したところで、あなたがたにどんな報いがあろうか」（マタイ5：46）と続けます。つまり隣人を愛することは当然であり、隣人ではない人々、敵をも愛することこそが大切だというのです。さらに、「あなたがたは、天の父が完全であられるように、完全な者となりなさい」（マタイ5：48）と言います。

このようなことは可能でしょうか。完全な者は天の父すなわち神のみのはずです。そうであるなら、あなたがたも神となりなさいと言われているのかというと、決してそうではありません。ここでは、神のように敵をも赦（ゆる）し、受け入れて、愛する心を持つときに、すべての人が平和に生きることができる神の国の実現が近づくことになる、だからあなたがたもそのように努めなさいということが言われているのではないでしょうか。

Question

①敵を愛するということの例をイエスの生涯の中で見つけてみましょう。

- 逮捕の場面（マタイ26：47-56、マルコ14：43-50、ルカ22：47-53、ヨハネ18：3-12）
- 十字架上の場面（ルカ23：26-43）など

②同様に、歴史上の人物でそのように生きた人について調べてみましょう。

- マーティン・ルーサー・キング・ジュニア（1929〜1968年）
- マキシミリアノ・マリア・コルベ（1894〜1941年）など

求めなさい

イエスの教えの中には、すぐには信じがたいものもあります。そのうちの1つがこの「求めなさい」という言葉で始まる教え（マタイ7：7-12）です。

「求めなさい。そうすれば、与えられる。探しなさい。そうすれば、見つかる。叩（たた）きなさい。そうすれば、開かれる。誰でも、求める者は受け、探す者は見つけ、叩く者には開かれる。」（マタイ7：7-8）

果たしてそんなに簡単に私たちの望み通りになるものでしょうか。いったいここで言おうとしていることは、どのようなことなのでしょうか。

聖書の言葉をよく読んでみると、求めること、探すこと、門を叩くことを確かに勧めています。むしろ命じていると言えるでしょう。けれども何を求め、何を探し、どのような門を叩くのかということについては触れていません。また、与えられる、見つかる、開かれるものは、私たちの望み通りのものになるとは一言も記されていません。

大切なのはここなのです。親が自分の子どもに良い物を与えるように、神は私たち人間にとって最も良いものが何であるのかを知り、しかも、それを与える神からすれば最もふさわしい時期に、最もふさわしい物や人、出来事を用意してくれるのです。

時に、それは私たち人間の思いや望み通りではないこともあります。悲しくなったり、悔しくなったり、神に対して失望したり、怒りの思いを抱いたりすることもあるでしょう。けれども、そのようなときこそ、神の御心(みこころ)について思い巡らせ、そのことを受け止めることができるようになりたいと思います。そうすれば、きっと神にすべてをゆだね、神を信じ、神に祈りながら生きることができるようになり、天の国（神の国）に生きる、祝福される人とされるでしょう。イエスは言いました。

「人にしてもらいたいと思うことは何でも、あなたがたも人にしなさい。これこそ律法(りっぽう)と預言者(よげんしゃ)である。」（マタイ7：12）

これは黄金律(おうごんりつ)（英語でgolden rule）と呼ばれる有名な言葉です。「律法と預言者」とは旧約聖書を意味します。つまり、このイエスの言葉こそが、聖書の教えの中心であり、すべての教えはこの言葉に尽きるということです。

Question

あなたは人生で何を求めますか。何を探しますか。どのような門を叩きますか。自分の思い通りにならなかった経験を話し合ってみましょう。

このほかにもイエスは大切な説教をたくさん行いました。以下にそのうちの7つを挙げておきます。ぜひ学んでみましょう。

●復讐（ふくしゅう）してはならない（マタイ5：38-42）

●祈るときには（マタイ6：5-15）

●天に宝を積みなさい（マタイ6：19-21）

●思い煩（わずら）うな（マタイ6：25-34）

●人を裁くな（マタイ7：1-6）

●狭い門（マタイ7：13-14）

●家と土台（マタイ7：24-27）

イエスは最後に家と土台の話をして、これらすべての教えを実行し、土台として生きていくように勧めて山上の説教を終えます。これを聞いた群衆はイエスの教えに非常に驚きました。なぜなら、イエスが聖書の言葉を権威ある者として、自分の言葉として教えたからです。

キリストと使徒たち（ジェイムズ・ティソ、19世紀）

7
教え③：新しい戒め、イエスはまことのぶどうの木

新しい戒め　イエスは山上(さんじょう)の説教のほかにもたくさんの教えを宣(の)べ伝えました。その1つに、新しい戒(いまし)めというものがあります（ヨハネ13：31-35）。戒めとは当時のユダヤ社会における律法(りっぽう)と呼ばれるものですが、イエスは弟子たちとの最後の晩餐(ばんさん)の直後に新しい戒めについて語りました。

ヨハネによる福音書は、新しい戒めについて語る前に、イエスが神によって栄光を受け、同時に神もイエスによって栄光を受けたと記しています。

「今や、人の子は栄光を受け、神は人の子によって栄光をお受けになった。」（ヨハネ13：31）

「人の子」とはイエスのことです。受難の道を歩むことになるイエスを栄光ある存在として確認しているのです。この世の地位や名誉、権力のある存在とは異なり、人によってではなく、神によって栄光あるものとされる存在なのです。

また、「子たちよ、今しばらく、私はあなたがたと一緒にいる。あなたがたは私を捜(さが)すだろう。『私が行く所にあなたがたは来ることができない』とユダヤ人たちに言ったように、今あなたがたにも同じことを言っておく」（ヨハネ13：33）とも言います。いよいよここから、弟子たちに対するイエスの別れの説教が始まるの

最後の晩餐（ディルク・バウツ、1464〜1467年）

です。その第一声が次の言葉です。

「あなたがたに新しい戒めを与える。互いに愛し合いなさい。私があなたがたを愛したように、あなたがたも互いに愛し合いなさい。互いに愛し合うならば、それによってあなたがたが私の弟子であることを、皆が知るであろう。」（ヨハネ13：34-35）

新しい戒めとは、神が人を愛したように、人間である私たちも互いに愛し合うということなのです。

Question

イエスの時代、人々が最も大切にしていたものはモーセ五書（トーラーと呼ばれた文書律法）でした。さらに、モーセが伝えたもう1つの律法とされ、2世紀末ごろから書物としてまとめられていく口伝（くでん）律法もありました。イエスは、このようにすでに数多く存在した律法に、さらに新しい律法を加えようとしたのでしょうか。先に学んだ黄金律（おうごんりつ）（マタイ7:12）について思い出しながら、考えてみましょう。

ユダヤ教の祈りの書（シッドゥール）

イエスはまことのぶどうの木

ヨハネによる福音書の中で、イエスは、この新しい戒めについて象徴的な話し方で弟子たちに説明しています（ヨハネ15:1-17）。

「私はまことのぶどうの木、私の父は農夫である。私につながっている枝で実を結ばないものはみな、父が取り除き、実を結ぶものはみな、もっと豊かに実を結ぶように手入れをなさる。」（ヨハネ15:1-2）

「私はぶどうの木、あなたがたはその枝である。人が私につながっており、私もその人につながっていれば、その人は豊かに実を結ぶ。私を離れては、あなたがたは何もできないからである。」

（ヨハネ15：5）

「私が父の戒めを守り、その愛にとどまっているように、あなたがたも、私の戒めを守るなら、私の愛にとどまっていることになる。」（ヨハネ15：10）

「私があなたがたを愛したように、互いに愛し合いなさい。これが私の戒めである。友のために自分の命を捨てること、これ以上に大きな愛はない。」（ヨハネ15：12-13）

「互いに愛し合いなさい。これが私の命令である。」（ヨハネ15：17）

これらの言葉を読むとき、イエスの新しい戒めを守り、イエスの命令に従うことによって、弟子たちはもはやイエスの僕（しもべ）ではなく友となり、豊かな実を結ぶ者とされることがわかります（ヨハネ15：14）。大切なことは、ただイエスにつながるだけでなく、実を結ぼうと努めることなのです。そしてそれはそのまま私たちにも求められている生き方だと言えるのではないでしょうか。

Question

①「豊かに実を結ぶ」とはどのようなことか、考えてみましょう。

②「友のために自分の命を捨てる」とはどういうことか、考えてみましょう。

③「あなたがたが私を選んだのではない。私があなたがたを選んだ。あなたがたが行って実を結び、その実が残るようにと、また、私の名によって願うなら、父が何でも与えてくださるようにと、私があなたがたを任命したのである」（ヨハネ15：16）という言葉は、具体的にどのようなことを意味しているのでしょうか。考えてみましょう。

8
たとえ①：善いサマリア人、いなくなった息子

そもそも、たとえ話とは何でしょうか。理解するのが難しい話をわかりやすくするもの、少なくとも当時の人々にとってはそのようなものであったはずです。

ここからは、イエスが話したたとえ話のうちのいくつかを学んでみましょう。

善いサマリア人のたとえ

善(よ)いサマリア人のたとえ話（ルカ10：25-37）では、最初に、たとえ話を聞く「ある律法(りっぽう)の専門家」（律法学者）が登場します。

律法の専門家がイエスを試そうとして尋ねます。「先生、何をしたら、永遠の命を受け継ぐことができるでしょうか。」（ルカ10：25）

イエスが「律法には何と書いてあるか。あなたはそれをどう読んでいるか」（ルカ10：26）と言うと、彼は答えます。

「『心を尽くし、魂を尽くし、力を尽くし、思いを尽くして、あなたの神である主(しゅ)を愛しなさい、また、隣人(りんじん)を自分のように愛しなさい』とあります。」（ルカ10：27）

イエスは言いました。「正しい答えだ。それを実行しなさい。そうすれば命が得られる。」（ルカ10：28）

ここで話は終わっていません。律法の専門家が自分を正当化し

ようとして、こう言ったのです。「では、私の隣人とは誰ですか。」（ルカ10：29）

この問いに対する答えとして、イエスはたとえ話を語り始めるのです。

ある旅人が追い剝ぎ（強盗）に襲われ、瀕死の状態にされます。そこへ祭司が通りかかりますが、倒れていた旅人を見ただけで、道の反対側を通って行ってしまいます。次に通りかかったレビ人も同じように通り過ぎて行きました。しかし、3番目にやって来たサマリア人は、旅人に近寄り介抱したのです。

この話をした後、イエスは律法の専門家に問いかけるのです。「この三人の中で、誰が追い剝ぎに襲われた人の隣人になったと思うか。」（ルカ10：36）

律法学者は答えます。「その人に憐れみをかけた人です。」（ル

エリコへと至る道（パレスチナ）

カ10:37)

そこでイエスは言います。「行って、あなたも同じようにしなさい。」(ルカ10:37)

Question

①律法の専門家は「イエスを試そうとして」言ったとあります。また、「自分を正当化しようとして」言ったともあります。彼はイエスの何を試そうとしたのでしょうか。また、彼はどのような人物だと思いますか。

②旅人がたどろうとしていたエルサレムからエリコへの道のりはどのようなものか、調べてみましょう。

③祭司やレビ人とはどのような人であったか調べてみましょう。そしてあなたが祭司やレビ人だったらどうしたか考えてみましょう。

④当時、サマリア人とユダヤ人は互いに憎しみ合う関係にありました。それにもかかわらずサマリア人が旅人にしたことを挙げてみましょう。そして祭司やレビ人の行動との違いを考えてみましょう。サマリア人が旅人を介抱するのに用いた「オリーブ油とぶどう酒」の効能についても調べてみましょう。

⑤「私の隣人とは誰ですか」という律法の専門家の問いに対して、なぜイエスは「誰が追い剝ぎに襲われた人の隣人になったと思うか」と問い返したのでしょうか。イエスの意図を考えてみましょう。

いなくなった息子のたとえ　次に取り上げるいなくなった息子のたとえ話(ルカ15:11-32)も、有名な話です。

このたとえ話がされる場面は、同じルカによる福音書15章に

放蕩息子の帰還（ムリーリョ、1667〜1670年）

ある見失った羊のたとえ（ルカ 15 : 1-7）、無くした銀貨のたとえ（ルカ 15 : 8-10）に続いており、いずれも、失われたと思っていたものが見つかった喜びが描かれています。私たち人間が罪を悔い改めて救いに導かれることが、どれほど神にとって喜ばしいことか、そしてそれほどまでに神が私たち人間のことを等しく尊い存在として愛しているのだということが描かれています。

まず、これら3つのたとえが話される場面を見ておきましょう。そこに登場する人物は、徴税人（ちょうぜいにん）、罪人（つみびと）、イエス、ファリサイ派の人々、そして律法学者たちです。徴税人や罪人がイエスの話を聞くために集まり、食事を共にしているところを目にしたファリサイ派の人々や律法学者たちが、イエスに対して不平を言い出したのです。「この人は罪人たちを受け入れ、一緒に食事をしている」（ルカ15：2）と。そこで、イエスが3つのたとえ話をしたという流れになっています。その3番目に話されたのがいなくなった息子のたとえです。それでは、具体的に見ていきましょう。

このたとえ話の主要な登場人物は、ある人（父）と2人の息子（兄弟）です。

欲深い弟は、予定を繰り上げて、自分が与えられることになっている財産を分けてくれるように父親に頼みます。それを聞いた父親は兄弟2人ともに財産を分けてやりました。

弟はもらった財産をすべて金に換えて、遠い国に旅立ち、そこで身を持ち崩し、財産を使い果たして初めて我に返って、父のもとに戻ります。

息子が戻って来るのを見つけた父は彼を歓待しました。ところが、それを見ていた兄は弟に嫉妬（しっと）し、父に不平を言います。しかし、父は兄を諭したのです。

聖書を読む限り、兄は父親の言いつけに背いたことは一度もなく、何年も父親に仕える真面目な人でした。歓待されている弟に嫉妬し、父親に対して不服をぶつけるのは、身を持ち崩した弟のことを思えば、ある意味では自然なことのように感じます。ところが、父親は兄に言ったのです。

「子よ、お前はいつも私と一緒にいる。私のものは全部お前のものだ。だが、お前のあの弟は死んでいたのに生き返った。いなくなっていたのに見つかったのだ。喜び祝うのは当然ではないか。」（ルカ 15 : 31-32）

Question

①徴税人や罪人たちは当時の社会の中でどのような立場にいたのか、学んでみましょう。また、なぜ彼らはイエスに近寄ってきたのか、彼らの心境を考えてみましょう。

②ファリサイ派の人々や律法学者たちは、なぜ徴税人や罪人たちのことで不平を言い出したのか、考えてみましょう。食事の意義がどのようなものであったかを参考にしてください。

③たとえ話に登場する弟と兄について、あなたはどのような印象を持ちますか。また、父にはどのような印象を持ちますか。

④このたとえ話に登場する父は神のことをたとえています。それでは、弟や兄は誰のことをたとえていると思いますか。

COLUMN

食事の意義　イスラエル人にとってはどの食事にも大きな意味がありました。また、食卓は大きな社会的意義を持ちました。食事の仲間を結びつけ、親密な交わりをつくり出し、その交わりは損なわれてはならないものと考えられていたのです。聖書の中で最も大切な食事の場面は、最後の晩餐（ばんさん）（主の晩餐）です。

9
たとえ②：迷い出た羊

失われたものを見つけた喜び

迷い出た羊のたとえ話（マタイ18：12-14）では、ルカによる福音書15章にあるいなくなった息子のたとえを学んだときに確認したように、失われたと思っていたものが見つかった喜びが描かれています。神が私たち人間を誰一人失われてはいけない、等しく尊い存在として愛しているのだということを示しています。

ある人が100匹の羊を飼っていました。山で放牧をしていたところ、その1匹が迷い出てしまいます。羊飼いは99匹を山に残して1匹を捜（さが）しに行き、見つけると、迷わずにいたほかの99匹よりもその1匹のことを喜ぶという話です。

小さな者の意味

たとえ話の終わりで、イエスが「これらの小さな者が一人でも失われることは、天におられるあなたがたの父の御心（みこころ）ではない」（マタイ18：14）と言っています。また、たとえ話を始める前には「これらの小さな者を一人でも軽んじないように気をつけなさい」（マタイ18：10）と言っています。このことから、このたとえ話は、先に話されていることの続きであることがわかります。そこからさかのぼると、マタイによる福音書18章1節で、弟子たちがイエスのところに来て、

「天の国では、一体誰がいちばん偉いのでしょうか」と言い出し、イエスが1人の子どもを呼び寄せて、弟子たちの中に立たせて話したのが始まりであったことがわかります。

神は、私たちが生きる社会において弱い立場の人たちや小さな存在と思われている人たちのことを決して見捨てることはありません。すべての人を等しく尊い存在として愛し、受け入れるのが神であり、たとえ話を語るイエス・キリスト自身なのです。

Question

①99匹を残して1匹を捜しに行くということについて、どう思いますか。

②羊について、みなさんはどのようなイメージを持ちますか。また、当時、羊飼いたちにとって羊はどのような存在であったかを調べてみましょう。

③見失った羊のたとえ（ルカ15：1-7）と読み比べ、違いを見つけて意味を考えてみましょう。

祈りをささげる子どもたち（ギリシア・ロドス島）

10
たとえ③：神の国（天の国）

　イエスは、たくさんのたとえ話を語りました。その理由の1つが、人々が神の国（天の国）を理解するようになるためでした（マタイ13 : 10-17、マルコ4 : 10-12、ルカ8 : 9-10）。

　ここでは、神の国（天の国）についての3つのたとえを学びましょう。

十人のおとめのたとえ　10人の若い女性が花婿（はなむこ）を出迎えるというたとえ話（マタイ25 : 1-13）です。ユダヤにおける婚宴（こんえん）は夜に開かれました。客は花嫁の家で、花婿が花嫁を迎えに来るのを待ち、花婿が到着すると、ともし火をともして歓迎します。そして花婿と花嫁は、客と一緒に行列をつくって花婿の家に行き、本格的な祝宴をするのです。

　10人は全員、ともし火を持っていました。賢い女性たち5人は壺（つぼ）に油を用意していましたが、愚かな女性たち5人は油を用意していませんでした。

　花婿が来るのが遅れたので、10人全員が眠り込んでしまいます。真夜中になってようやく花婿が来たので、みんな起きて、ともし火を整えて迎えに出ようとしました。

　ところが、愚かな女性たちのともし火が消えそうになりました。

そこで賢い女性たちの油を分けてもらおうとしたところ、余分はないので店に買いに行くように言われます。

愚かな女性たちが油を買いに行っている間に、賢い女性たちは花婿と一緒に婚宴の席に入り、戸が閉められました。その後、油を手にして到着した愚かな女性たちが戸を開けてくださいと懇願しますが、家の主人は「よく言っておく。私はお前たちを知らない」（マタイ25:12）と答えました。

たとえ話を終えたイエスは言います。「だから、目を覚ましていなさい。あなたがたはその日、その時を知らないのだから。」（マタイ25:13）

このように主人の答えはとても厳しいものでした。しかし、その厳しさを通して伝えたいことがイエスにはあるのです。

Question

①「目を覚ましていなさい」とはどういう意味でしょうか。また、「その日、その時」とはどういう時でしょうか。

②登場人物のおとめたち、花婿、主人は、それぞれ誰のことをたとえていると思いますか。

タラントンのたとえ

このたとえ話（マタイ25:14-30）は、主人が旅に出かける際に、3人の僕（しもべ）たちに自分の財産を預けるところから始まります。1人には5タラントン、1人には2タラントン、もう1人には1タラントンです。

5タラントン預かった僕は商売をして5タラントンもうけ、2タラントン預かった者は2タラントンもうけました。しかし、1

タラントン預かった者はそのお金を穴を掘って隠しておきました。

帰ってきた主人は、5タラントンもうけた僕と2タラントンもうけた僕をほめて、財産の管理を任せました。預かった1タラントンを隠しておいた僕からはそれを取り上げて、10タラントン持っている者に与えました。

主人は「誰でも持っている人はさらに与えられて豊かになるが、持っていない人は持っているものまで取り上げられる。この役に立たない僕を外の暗闇(くらやみ)に追い出せ。そこで泣きわめいて歯ぎしりするだろう」（マタイ25：29-30）と言いました。

1タラントン預かった僕に対する主人の対応はあまりにも厳しいように思うでしょう。しかしここにもまた、イエスの伝えようとしていることがあるのです。

Question

①タラントンという通貨単位について調べてみましょう。

②もうけた僕はなぜ「良い忠実な僕」で、隠しておいた僕はなぜ「悪い臆病(おくびょう)な僕」「役に立たない僕」なのでしょうか。

③登場人物のある人（主人）、僕とは誰のことをたとえているのでしょうか。

すべての民族を裁く

イエスはこの話（マタイ25：31-46）を、人の子つまり自分が栄光の座に着くとき、すべての国の民を裁くことになるということを、羊飼いが羊と山羊を分けるように、王が人々をより分けて裁くという形で展開します。

右側にいる人々は「祝福された人たち」、左側にいる人々は

「呪われた者ども」と呼ばれます。そして、右側にいる人々は「天地創造の時からあなたがたのために用意されている国を受け継ぎなさい」（マタイ25:34）、左側にいる人々は「私から離れ去り、悪魔とその使いたちに用意してある永遠の火に入れ」（マタイ25:41）と言われます。

最後の審判（ハンス・メムリンク、1467～1471年）

両者は、この王が飢えていたとき、のどが渇いていたとき、旅をしていたとき、裸のとき、病気のとき、牢にいたとき、どのように王に接したかによって扱いが分かれたのでした。しかし、両者とも王のことを覚えていません。というよりも、実際にそのような王とは出会っていないようです。

Question

①「最も小さな者の一人」（マタイ25:40、45）とはどのような存在なのか、考えてみましょう。

②「こうして、この人たちは永遠の懲らしめを受け、正しい人たちは永遠の命に入るであろう」（マタイ25:46）とはどのような意味なのか、考えてみましょう。

③十人のおとめのたとえ、タラントンのたとえ、そしてすべての民族を裁く話が共通して伝えようとしていることは何か、話し合ってみましょう。

11
奇跡①：カナでの婚礼、五千人に食べ物を与える

たとえと並んで、イエスはその生涯の中でたくさんの奇跡を行いました。奇跡とは、現実的にはありえないと思えるような出来事が起きることと言えるでしょう。その中には、決して治らないとされていた病人を癒(い)やしたり、死者を生き返らせたりするようなものもあります。

イエスが奇跡を起こしたことを通して、私たちはそこに何を読み取ることができるのかを一緒に考えていきましょう。

カナでの婚礼

場面はガリラヤのカナでの結婚の祝いの席、つまり披露宴です（ヨハネ2：1-12）。そこにはイエスの母（マリア）、イエスと弟子たちが招かれています。

ところが、その宴の途中でぶどう酒がなくなります。そこでイエスの母はイエスに言いました。「ぶどう酒がありません」（ヨハネ2：3）。するとイエスは言ったのです。「女よ、私とどんな関わりがあるのです。私の時はまだ来ていません」（ヨハネ2：4）。けれども母は召し使いたちに言ったのです。「この方が言いつけるとおりにしてください。」（ヨハネ2：5）

会場には水がめが6つ置いてありました。そこでイエスは「水がめに水をいっぱい入れなさい」（ヨハネ2：7）と言い、召し使い

たちはかめの縁まで水を満たします。そしてイエスは言います。「さあ、それを汲んで、宴会の世話役のところへ持って行きなさい。」（ヨハネ2：8）。

すると水がぶどう酒に変わり、その味見をした世話役が花婿を呼んで言いました。「誰でも初めに良いぶどう酒を出し、酔いが回った頃に劣ったものを出すものですが、あなたは良いぶどう酒を今まで取っておかれました。」（ヨハネ2：10）

イエスは当時の常識を破る形で、宴の途中で良いぶどう酒を新たに用意したのです。

この奇跡はイエスが行った最初の奇跡です。この奇跡を通して、イエスは自分の栄光を現し、弟子たちはイエスを信じるようになったのです。

Question

①たとえ話自体は、世話役の言葉（ヨハネ2：10）で終わっています。イエスのそばにいた弟子たちはどのような反応を示したのか、想像してみましょう。

②ヨハネによる福音書では、奇跡のことをある言葉で言い表しています。何という言葉でしょうか。また、その言葉によって福音書の記者が伝えようとしていることはどういうことなのか考えてみましょう。

五千人に食べ物を与える

カナでの婚礼で最初の奇跡を行った後、イエスは病人たちを癒やしました（ヨハネ4：43-54「役人の息子を癒やす」、ヨハネ5：1-9「ベトザタの池で病人を癒やす」）。それに続くのが、この「五千人に食べ物を与える」という奇跡です（ヨハネ6：1-15）。

イエスの奇跡を見ていた大勢の群衆がイエスの後を追って来ます。イエスがガリラヤ湖の向こう岸に渡ると彼らも同行します。そこでイエスは山に登り、弟子たちと一緒に座りました。

ユダヤ人の祭りである過越祭（すぎこしさい）が近づいていたころでした。イエスは群衆が自分のほうへ近づいて来るのを見て、弟子のフィリポに言いました。「どこでパンを買って来て、この人たちに食べさせようか。」（ヨハネ6：5）

この質問はイエスがフィリポを試すためのものでした。フィリポは答えます。「めいめいが少しずつ食べたとしても、二百デナリオンのパンでは足りないでしょう。」（ヨハネ6：7）

そこで、シモン・ペトロの兄弟アンデレがイエスに言いました。「ここに大麦のパン五つと魚二匹とを持っている少年がいます。けれども、こんなに大勢の人では、それが何になりましょう。」（ヨハネ6：9）

イエスは言います。「人々を座らせなさい」。そこに座ったのは5,000人もの人々だったのです（ヨハネ6：10）。

ここからが奇跡の始まりです。

イエスはパンを取り、感謝の祈りを唱えてから、座っている人々に分け与えます。魚も同じようにして、欲しい分だけ分け与えました。人々が満腹すると、イエスは「少しも無駄にならないように、余ったパン切れを集めなさい」（ヨハネ6：12）と言い、弟子たちが集めると12のかごがいっぱいになったのです。

Question

①人々は満腹したとありますが、どういう意味か考えてみましょう。ヨハネによる福音書6章22節以降の「イエスは命のパン」を読むと、理解の助けになるでしょう。

②6章14節と15節から、イエス自身の思いと人々の思いが異なることがわかります。どのようなことか考えてみましょう。

COLUMN

イエス・キリストのシンボル　ΙΧΘΥΣ（イクスース）（ギリシア語で「魚」の意味）は、ギリシア語の'Ιησοῦς（イエス）、Χρῑστός（キリスト）、Θεοῦ（神の）、Υἱός（息子）、Σωτήρ（救（すく）い主（ぬし））という言葉のそれぞれの頭文字を並べたもので、神の子であり救い主であるイエス・キリストを表すモノグラム（組み合わせ文字）です。キリスト教ではイエス・キリストのシンボルマークとして魚が用いられますが、それは「魚」という言葉にこのような意味を持たせているからなのです。

魚のシンボルマーク（ニカラグア）：魚の中にJESUS（イエス）と書かれています。

12
奇跡②：ヤイロの娘とイエスの服に触れる女

ここでは、病人の癒やしと死者の復活（マルコ5：21-43）について見ていきましょう。

病人を癒やす

ガリラヤ湖のほとりにいたイエスのそばに大勢の群衆が集まって来ました。会堂長の1人でヤイロという人が、イエスを見ると足元にひれ伏して、しきりに願いました。「私の幼い娘が死にそうです。どうか、お出でになって手を置いてやってください。そうすれば、娘は助かり、生きるでしょう」（マルコ5：23）。イエスはヤイロと一緒に出かけます。大勢の群衆もイエスに従ってついて来ました。

そこに別の人物がイエスに癒やしを求めて現れます。12年間出血の止まらない女性です。多くの医者にかかっても、ひどく苦しめられ、全財産を使い果たしてもますます悪くなるだけだったのです。

彼女はイエスに押し迫るようについて来ていた群衆の中に紛れ込み、後ろからイエスの服に触れました。するとすぐに出血が止まり、病苦から解放されたことをその身に感じました。

イエスもまた自分の内から力が出ていったことに気づき、群衆の中で振り返り、「私の衣に触れたのは誰か」（マルコ5：30）と言います。弟子たちは答えました。「群衆があなたに押し迫っているのがお分かりでしょう。それなのに、『私に触れたのは誰か』とおっしゃるのですか。」（マルコ5:31）

けれどもイエスは自分に触れた者を見つけようとあたりを見回しました。彼女は自分の身に起こったことを知って、恐ろしくなり、震えながら進み出てひれ伏して、すべてをありのまま話しました。

彼女の言葉を聞いたイエスは言います。

「娘よ、あなたの信仰があなたを救った。安心して行きなさい。病苦から解放されて、達者でいなさい。」（マルコ5:34）

死者を生き返らせる

この言葉を語っている間に、先に登場していた会堂長の家から人々がイエスのもとに来て言いました。「お嬢さんは亡くなりました。もう、先生を煩わすには及ばないでしょう」（マルコ5:35）。その言葉を耳にしたイエスは、会堂長に言います。「恐れることはない。ただ信じなさい。」（マルコ5:36）

会堂長の家に着くと、悲しみのあまり人々は大声で泣きわめいて騒いでいました。家に入ったイエスが人々に言いました。「なぜ、泣き騒ぐのか。子供は死んだのではない。眠っているのだ。」（マルコ5:39）

こう言ったイエスを人々はあざ笑います。しかし、イエスはそこにいた人たちを外に出し、少女の両親と3人の弟子たちだけを連れて、少女のいる部屋に入って行きました。そして少女の手を取り、「タリタ、クム」と言います。それは「少女よ、さあ、起きなさい」という意味でした（マルコ5：41）。少女はすぐに起き上がり、歩き出しました。外にいた人々はその様子を見て大変驚きます。イエスはこのことを誰にも知らせないようにと厳しく命じ、また少女に食べ物を与えるようにと言ったのです。

Question

①ヤイロはイエスに何をするように求めましたか。その行為について、私たちの日ごろの生活の中で思い当たる場面はありますか。

②出血の止まらない女性がどのような扱いを受けていたのか、旧約聖書のレビ記を参考に考えてみましょう（レビ記15：25以下）。

③イエスが奇跡を起こす上で、その奇跡が起きる側の人たちに必ず見いだせるもの、求められるものとは何でしょうか。イエスの言葉に注目して考えてみましょう。

④会堂長の娘を生き返らせる場面に同行した3人の弟子たちは誰でしょうか。また、彼らはほかの場面でも特別にイエスに同行することを許されています。どのような場面か学びましょう。

- イエスの姿が変わる（マタイ17：1-13、マルコ9：2-13、ルカ9：28-36）
- ゲツセマネで祈る（マタイ26：36-46、マルコ14：32-42、ルカ22：39-46、ただしルカでは弟子の名前の記載がない）

⑤少女が生き返ったのを見て驚いた人々に言ったイエスの言葉は「誰にも知らせないように」（マルコ5：43）というものでした。なぜこのように言ったのか、考えてみましょう。

⑥ほかにもイエスによって人が生き返る物語があります。読んでみてください（ルカ7：11-17「やもめの息子を生き返らせる」、ヨハネ11：1-44「ラザロを生き返らせる」）。

COLUMN

聖書に登場する名前を記されていない女性たち　聖書には、ただ「女」と記され、名前が明らかになっていない女性が登場します。イエスの服に触れる女性のほか、次の項目で紹介するイエスに香油(こうゆ)を注ぐ女性や、神殿の境内(けいだい)でイエスに罪を赦(ゆる)された女性などです。彼女たちの信仰は、身分や性別に関係なく、すべての人を平等に救ったイエス・キリストの大きな愛によるものなのです。

祈りをささげる女性たち（エルサレムの嘆きの壁）

13
イエスと出会った人々：一人の女、徴税人ザアカイ

ここでは、イエスが宣教においてどのような人々と出会い、またそれらの人々がどのように救われていったのかということを見ていきます。

女の信仰

まずある一人の女性の話です（マルコ14：3-9、マタイ26：6-13、ヨハネ12：1-8）。ベタニアという村でイエスは規定の病にかかっていた人シモンの家で食事をしています。そこへ1人の女性がやって来ました。彼女は純粋で非常に高価なナルドの香油（こうゆ）の入った石膏（せっこう）の壺（つぼ）を持って来て、その壺を壊し、香油をイエスの頭に注ぎかけます。

そこにいた何人かがひどく腹を立てて言いました。「何のために香油をこんなに無駄にするのか。この香油は三百デナリオン以上に売って、貧しい人々に施すことができたのに。」（マルコ14：4-5）

すると、イエスはそこにいた人々とは対照的に、彼女を弁護します。「するままにさせておきなさい。なぜ、この人を困らせるのか。私に良いことをしてくれたのだ。〔中略〕この人はできるかぎりのことをした。」（マルコ14：6-8）

この「良いこと」「できるかぎりのこと」とは、イエスの体に香油を注ぎ、埋葬の準備をするということでした。そして最後に

シモンの家にいるキリスト（ディルク・バウツ、1445〜1450年ごろ）：画面左下で女性がイエスに香油を塗っています。

イエスは言うのです。

「よく言っておく。世界中どこでも、福音が宣べ伝えられる所では、この人のしたことも記念として語り伝えられるだろう。」（マルコ14：9）

彼女の信仰を通して、イエスが私たち人間の罪のためにこの世に来た救い主（キリスト）であることが明らかにされるのです。

Question

①当時、規定の病の人たちがどのような扱いを受けていたのか、調べてみましょう（レビ記13-14章、特に13：45-46）。また、そのような人と食事を共にするという行為は、どういう意味を持っていると考えられるでしょうか。

②「ナルドの香油」について調べてみましょう。

③壺を壊してまで香油を注いだ女性は、どのような気持ちだったと思いますか。

④「三百デナリオン」というお金がどれほど高価であるか計算してみましょう。そして、どうしてイエスは弟子たちを制するような発言をしたのか考えてみましょう。

⑤ヨハネによる福音書にも罪を赦(ゆる)された女性の話があります(ヨハネ8:1-11)。参考として読んでみましょう。

徴税人ザアカイ

イエスはガリラヤからエルサレムに行く途中、エリコという町を通り、そこでザアカイという人と出会います(ルカ19:1-10)。

ザアカイは徴税人(ちょうぜいにん)のリーダーで、金持ちでした。彼はイエスの姿を一目見ようとしましたが、あまりにも人が多かったため、走って先回りし、いちじく桑の木に登りました。

イエスはその場所に来ると、見上げて言いました。「ザアカイ、急いで降りて来なさい。今日は、あなたの家に泊まることにしている」(ルカ19:5)。ザアカイは急いで降りて来て、喜んでイエスを迎えました。

これを見た人たちはつぶやきました。「あの人は罪深い男のところに行って宿をとった」(ルカ19:7)。しかし、ザアカイは立ち上がって、イエスに言ったのです。「主(しゅ)よ、私は財産の半分を貧しい人々に施します。また、誰からでも、だまし取った物は、それを四倍にして返します。」(ルカ19:8)

これを聞いたイエスは言います。「今日、救いがこの家を訪れた。この人もアブラハムの子なのだから。人の子は、失われたものを捜(さが)して救うために来たのである。」(ルカ19:9-10)

Question

①徴税人とは、当時ユダヤ人たちを支配していたローマ帝国に納める税金を徴収する人のことです。同じユダヤ人でありながら、彼らの中には必要以上に人々からお金を徴収し、私腹を肥やす人たちがいたようです。彼らは人々からどのように見られていたと思いますか。

②ザアカイはどのような気持ちでイエスを見たいと思っていたのでしょうか。また、イエスはどのような思いでザアカイに声をかけたのでしょうか。

③「人の子は、失われたものを捜して救うために来たのである」というイエスの言葉は、ルカによる福音書15章の見失った羊やいなくなった息子のたとえに通じます。ザアカイのイエスを信じる気持ちは、どの言葉からわかるでしょうか。

COLUMN

「背が低かった」のは誰か　ザアカイは「イエスがどんな人か見ようとしたが、背が低かったので、群衆に遮(さえぎ)られて見ることができなかった」(ルカ19:3)。この部分について、新約聖書の原語であるギリシア語の聖書を見ても、背が低かったのは誰であるかはわかりません。ギリシア語の文法では、どちらの背が低くてもよいのです。ザアカイか、イエスか、それぞれに背が低かった場合のイメージの違いを味わってみましょう。

第3章
イエスの受難・復活と教会の誕生

14
受難①：十字架に向かうまで

ここでは、イエスが十字架に向かうまでの姿を、いくつかの出来事を通して時間を追いながら見ていきます。

神殿から商人を追い出す

イエスは十字架につけられる時が近いと感じ取り、当時の中心地であり神殿のあった町エルサレムへと歩みを進めました。人々は大喜びで、イエスを都へと迎え入れました。「ダビデの子にホサナ」（マタイ21：9）と歓喜の声を上げて、自分たちの上着を道に敷いたのです。ホサナはヘブライ語で「救ってください」の意味です。

イエスはエルサレム神殿に到着してすぐに、境内(けいだい)で供(そな)え物(もの)の鳩(はと)を売る台や、両替商人の台を倒しました（マタイ21：12-17、マルコ11：15-19、ルカ19：45-48、ヨハネ2：13-22）。これほどに怒りをあらわにするイエスの姿は聖書のほかの箇所には見当たりません。イエスは言いました。「『私の家は、祈りの家と呼ばれる。』ところが、あなたがたは、それを強盗の巣にしている。」（マタイ21：13）

このイエスの行為に、当時のユダヤ教の指導者たちは反発しました。「何の権威でこのようなことをするのか。誰がその権威を与えたのか」（マタイ21：23）。イエスに詰め寄る彼らは、自分たちの支配を脅かすようなイエスの行為が許せなかったのです。

終末の教え

イエスは十字架で処刑されるまでの残された時間の中で、民衆にたくさんの教えを語り伝えました（マタイ21：28-25：46、マルコ12-13章）。

エルサレム入城（ドゥッチョ・ディ・ブオニンセーニャ、1308～1311年）

イエスが生きていた時代は、律法（りっぽう）を守ることが形式的になってしまっていた時代です。人の命ではなく物事の形式のほうが大事にされたのです。律法を守ることができない人々が見下される社会、病を持って苦労している人々が生きにくい社会、そのような現実社会に生きる人々に、イエスは神がすべての人をそのままで尊い存在として愛しているのだと教え、生きる意味を積極的に語り、生きていく方向性を示したのです。

イエスは世の終わり（終末）の時まで、人々がどのように生きるべきなのかを語りました。目を覚ましていなさい（マタイ24：36-44）、忠実な僕（しもべ）と悪い僕（マタイ24：45-51）、タラントンのたとえ（マタイ25：14-30）、こうした教えがその一部です。しっかりと終末の時を見据えて着実に歩みを進めながら待つ姿勢の大切さをイエスは教えました。

弟子の足を洗う

イエスはこの世から天の父のもとへ移る時が来たことを悟り、弟子たちをこの上なく愛する姿を示しました（ヨハネ13：1-20）。たらいに水をくんで弟子たちの足を洗い始めたのです。一人ひとりの足を水で洗い、腰にした手ぬぐいで水をふき取りました。

足洗いと足ふきの仕事は、もともと奴隷の仕事でした。イエスがそのようなことをしたので、弟子の1人ペトロは「私の足など、決して洗わないでください」（ヨハネ13：8）と言いました。すると、イエスは「もし私があなたを洗わないなら、あなたは私と何の関わりもなくなる」（ヨハネ13：8）と答えたのです。

ここでのイエスの洗足の行為は、イエスが何のためにこの世界

洗足（ドゥッチョ・ディ・ブオニンセーニャ、13世紀末～14世紀初頭）

に来たのかを示すものでした。つまり、仕えるために来たのです。イエスは、人々を愛するその愛のために自分の命を用い、仕える生き方を示しました。神の子でありながら、この世に生まれ、人々のために自分の命までもささげて生きたのです（フィリピの信徒への手紙2:6-8など）。

ゲツセマネで祈る　聖書には、十字架にかけられる直前のイエスの姿が描かれています。それは祈る姿です（マタイ26:36-46、マルコ14:32-42、ルカ22:39-46、ヨハネ17章「イエスの祈り」）。死の時が近づいていることを察知したイエスは神に祈りました。「父よ、できることなら、この杯（さかずき）を私から過ぎ去らせてください。しかし、私の望むようにではなく、御心（みこころ）のままに」（マタイ26:39）。自分の思いが優先されるのではなく、父なる神の心が優先されるのです。ここに、祈りのあるべき姿勢が示されています。

この後イエスは、十字架への道へ歩み出します。

Question

ゲツセマネでの祈り（マタイ26:36-46）の場面を読んで、イエスはどのような思いで祈っていたのか、また、自分が祈っている間、居眠りをしていた弟子たちを見てどのように感じたのか、考えてみましょう。

15
受難②：十字架

（マタイ 26 : 1-27 : 56、マルコ 14 : 1-15 : 41、ルカ 22 : 1-23 : 49、ヨハネ 18 : 1-19 : 37）

ここでは、イエスが逮捕され、十字架につけられ、息を引き取るまでの様子を、主にイエスの周りにいた人たちを通して学んでいきます。彼らは個々にさまざまな思いを持っていました。イエスの死を看取った兵士の言葉に、十字架のイエスの真実の姿が現れているようです。

弟子：ペトロの否定

12人の弟子の中で代表的存在だったペトロは、イエスの十字架を前に、ペトロという名前の意味である「岩」とはかけ離れた、揺れ動く姿を見せました。

イエスの逮捕を間近で見て、自分も逮捕され、刑罰を与えられるのではないかと恐れたのでしょう。お前もイエスの仲間ではないかと人々に問われたペトロは、「そんな人は知らない」と3度も言いました（マタイ26 : 69-74）。「あなたはペトロ。私はこの岩の上に私の教会を建てよう。〔中略〕私はあなたに天の国の鍵を授ける」（マタイ16 : 18-19）と言って、自分を弟子たちの実質的なリーダーに任命したイエスのことを、ペトロは3度も知らないと言ったのです。

イエスは、このことを前もって予告していました。

聖ペトロの否定（ペンショナンテ・デル・サラチェーニ、17世紀）

弟子：ユダの裏切り

12人の弟子の1人であるイスカリオテのユダは、自分が考えている理想のメシア像と現実のイエスの姿とがあまりにも違っていたため、祭司長（さいしちょう）たちにイエスを銀貨30枚で売り渡したと言われています（マタイ26:14-16）。

ユダは、祭司長たちにイエスを引き渡す際、「先生、こんばんは」と言ってイエスに接吻（せっぷん）をしました（マタイ26:49）。接吻は、相手への信頼の思いを強く表す行為です。こうしてどの人物がイエスであるかを祭司長たちや民（たみ）の長老（ちょうろう）たちに示して、イエスを逮捕させたのです。

ユダの接吻（ジョット、1305年ごろ）

イエスの逮捕

祭司長たちは、イエスを逮捕するために、剣や棒を持って群衆たちと一緒に集まっていました。ユダの接吻を合図にイエスに逮捕の手が伸びると、周りにいた人の中にはイエスを守るために剣を抜いて、敵に切りつけた人もいました（ヨハネ18：10ではシモン・ペトロとされています）。

そのときイエスは、「剣を鞘に納めなさい。剣を取る者は皆、剣で滅びる」（マタイ26 : 52）、「すべてこうなったのは、預言者たちの書が実現するためである」（マタイ26 : 56）と言いました。ここにイエスの覚悟と信仰があります。イエスは逮捕され、大祭司カイアファの屋敷に連行されました。

裁判：大祭司カイアファの前で

最高法院（サンヘドリン）と呼ばれるユダヤ人にとっての最高の議会に連行されたイエスは、大祭司カイアファのもとで裁判の席につけられました。死刑にするという結論があらかじめ決まっていた裁判で、偽証と呼ばれる、うその証言がなされました。

この裁判で問題になったのは、イエスが「神の神殿を打ち倒し、三日あれば建てることができる」（マタイ26 : 61）と言ったことでした。この言葉が神殿を冒瀆した罪とされたのです。

人々は「死刑にすべきだ」（マタイ26 : 66）と怒鳴り声を上げ、抵抗しないイエスにつばを吐きかけ、こぶしで殴り、平手で打ちました。人々が理性を失って暴走した場面です。

裁判：総督ピラトの前で

たとえユダヤ人の最高法院であっても、当時は人を死刑にする権限は持っていませんでした。それは、ユダヤがローマ帝国の支配下にあり、ローマの法律に従わなくてはならなかったからです。そこで祭司長たちは、ローマ帝国の総督ポンティオ・ピラトのもとにイエスを連れて行きました。総督はユダヤ人たちからの訴えを聞きましたが、イエスに死刑に値するような罪があるとは思いませんでした。

真理を問うピラト（ニコライ・ニコライヴィッチ・ゲー）

そこで総督は、囚人の中の1人を特別に釈放することになっていたので、2人の候補者を提案しました。1人はイエスで、もう1人はバラバでした。総督は民衆に問いかけます。「どちらを釈放してほしいのか。」（マタイ27：17）

イエスを十字架につけろという群衆の叫び声は、ますます激しくなっていきました。ピラトは群集の前で手を洗って「私には責任がない」（マタイ27：24）と言い、バラバを釈放し、イエスを鞭打（むちう）ってから、十字架にかけるためにユダヤ人の指導者たちに引き渡しました。

十字架につけられる

兵士たちはイエスを引きずり出し、着物をはぎ取り、茨（いばら）の冠を頭に載せ、葦（あし）の棒で叩（たた）き続けました。そして、刑場であるゴルゴタの丘にイエスを連行し、最後には服をはぎ取り、くじ引きで分け合い、イエスを十字架につけました。

イエスの姿を見て、人々はののしり、侮辱（ぶじょく）して言いました。

「他人は救ったのに、自分は救えない。イスラエルの王だ。今すぐ十字架から降りるがいい。そうすれば、信じてやろう。」（マタイ 27 : 42）

イエスの死

朝の9時ごろに十字架につけられたイエスは、午後3時ごろに息を引き取りました。その場にいてイエスの死を目の当たりにした兵士たちは口々に言いました。

「まことに、この人は神の子だった。」（マタイ 27 : 54）

イエスが息を引き取る瞬間、神殿の垂れ幕が真っ二つに裂（さ）け、地震が起こるなど、さまざまな異常な出来事が生じる様子を目撃していたからです。

イエスの遺体が置かれたとされる場所（エルサレムの聖墳墓教会）

16
復　活

（マタイ 27 : 57-28 : 20、マルコ 15 : 42-16 : 20、ルカ 23 : 50-24 : 53、ヨハネ 19 : 38-21 : 25）

「あの方は、ここにはおられない。かねて言われていたとおり、復活なさったのだ。」（マタイ 28 : 6）

イエス・キリストの復活の出来事を理解するのは、とても難しいことかもしれません。しかし、この出来事があったからこそ、教会が生まれ、キリスト教が生まれ、また私たちがこうして出会うことができていると言えるのです。

復活の出来事を新約聖書の人々はどのように受け止めたのか、4つの福音書ごとに見ていきましょう。

マタイによる福音書では

「すると、イエスが行く手に立っていて、『おはよう』と言われたので、女たちは近寄り、イエスの足を抱き、その前にひれ伏した。」（マタイ 28 : 9）

ここでは、復活したイエスと出会った女たちは、すぐにイエスのことを理解したという描き方がされています。

マルコによる福音書では

「彼らのうちの二人が田舎の方へ歩いて行く途中、イエスが別の姿でご自身を現された。この二人も行って残りの人たちに知らせたが、

キリストの復活（グリューネヴァルト、1510〜1515年ごろ）

彼らは二人の言うことも信じなかった。」（マルコ 16 : 12-13）

復活したイエスの姿を直接見た人々と、その話を聞いただけでその姿は見ていない人々との違いが語られています。

ルカによる福音書では

「ペトロは立ち上がって墓へ走り、身をかがめて中をのぞくと、亜麻布（あまぬの）しかなかったので、この出来事に驚きながら家に帰った。」（ルカ 24 : 12）

「二人の弟子が、〔中略〕エマオという村に向かって歩きながら、この一切の出来事について話し合っていた。〔中略〕しかし、二人の目は遮（さえぎ）られていて、イエスだとは分からなかった。」（ルカ 24 : 13-16）

「イエスはパンを取り、祝福して裂（さ）き、二人にお渡しになった。すると、二人の目が開け、イエスだと分かったが、その姿は見えなくなった。」（ルカ 24 : 30-31）

「『私の手と足を見なさい。〔中略〕触ってよく見なさい。霊（れい）には肉も骨もないが、あなたがたが見ているとおり、私にはあるのだ。』〔中略〕そこで、焼いた魚を一切れ差し出すと、イエスはそれを取って、彼らの前で食べられた。」（ルカ 24 : 39-43）

ここでは、食べ物を口にするイエスが描かれています。ルカによる福音書では、復活を信じた人々の姿と信じなかった人々の姿が混在しています。

ヨハネによる福音書では

「しかし、それがイエスだとは分からなかった。〔中略〕マリアは、園（その）

の番人だと思って言った。〔中略〕イエスが、『マリア』と言われると、彼女は振り向いて、ヘブライ語で、『ラボニ』と言った。『先生』という意味である。」（ヨハネ20：14-16）

これは、復活したイエスがマグダラのマリアに現れた場面です。自分の名前を直接呼ばれたマリアは、イエスの存在に気づいたのです。

ヨハネによる福音書には、復活のイエスの手の釘跡（くぎあと）に指を入れなければ決して信じないと言っていた弟子の1人トマスと復活したイエスとのエピソード（ヨハネ20：24-29）や、7人の弟子たちに現れるイエスの姿（ヨハネ21：1-14）が描かれています。

復活が不思議な出来事であったことは、これらの福音書の描き方からも伝わってきます。

COLUMN

復活の意味　復活したイエスがどこにいるのか、弟子たちも女たちも混乱していました。しかし、その混乱の真ん中に、復活のイエスはいたのです。復活は、理解してわかることなのではなくて、感じて気づくことだったのです。

「主（しゅ）イエスは今も生きて、働いておられる」と復活したイエスを表現することがあります。復活の出来事から2,000年という時間がたっても、復活のイエスからの影響を受けてキリスト教徒になりたいと願う人々はいなくなりませんし、復活したイエスをキリスト（救（すく）い主（ぬし））と賛美する教会もなくなりません。まさに、復活のイエスは今日も生きて、働いているのです。

17
教会の誕生

人間にも世界にも、はじまりがあります。それは教会もキリスト教も同じです。ここでは教会のはじまりについて学んでみましょう。

教会誕生の予告　聖書では、ある出来事が描かれる際に、事前に予告されていたことが実際に起きたという形で描かれることがあります。旧約聖書では、メシア誕生の予告がなされていました（イザヤ書7：1以下、9：1以下など）。そして新約聖書に入ると、メシア（キリスト）であるイエスの誕生が描かれます。

イエスは約3年間の宣教活動の後に、十字架と復活と昇天の出来事を経験しました。その昇天の直前にイエスは弟子たちに言いました。「私から聞いた、父の約束されたものを待ちなさい」（使徒言行録1：4）。別の箇所では聖霊（せいれい）を与える約束（ヨハネ14：15以下など）として描かれているこの約束が、教会の誕生を予告しているのです。

聖霊降臨　弟子たちはイスカリオテのユダがいなくなった後、イエス・キリストの復活の証人となることのできる

ペンテコステ（ジョット、1306〜1312年ごろ）:「炎のような舌」が弟子たちの頭の上に描かれています。

人として、マティアをくじ引きで選出しました。彼らは一つになってエルサレムで集まっていました。すると、五旬祭（ペンテコステ、ギリシア語で「50番目」の意味）の日に、弟子たちにある不思議な出来事が起こります。

「突然、激しい風が吹いて来るような音が天から起こり、彼らが座っていた家中に響いた。そして、炎のような舌が分かれ分かれに現れ、一人一人の上にとどまった。すると、一同は聖霊に満たされ、霊が語らせるままに、他国の言葉で話しだした。」（使徒言行録2:2-4）

ここで言おうとしていることは明白です。この聖霊降臨の出来事以降、聖霊を受けた一人ひとりが、聖霊という神の力を受けて、たくさんの国の人たちに福音を伝えていくことになったということです。それは同時に、全世界に教会がつくられていったことを示しています。

使徒言行録の2章以降では、ユダヤ人世界から地中海世界へと広がっていく初期の教会の姿が描かれます。使徒言行録での聖霊降臨の出来事は、教会の誕生物語として伝えられているのです。

Question

パウロは、霊的な賜物について語っています。どのようなものがあるか、コリントの信徒への手紙一の12章1節～11節から探してみましょう。

COLUMN

聖霊　聖霊（ギリシア語でプニューマ、ヘブライ語でルーアッハ）という言葉には、風や息という意味があります。つまり、直接目には見えないけれどもそれが動いている、働いているとはっきりわかる力を示しています。聖霊は神の霊、神の力、神からの弁護者（ヨハネ15:26）とも呼ばれます。これが神から約束されたものだったのです。

聖ペトロ修道院（ギリシア・アトス山）

聖パウロ教会（テッサロニキ）

第4章
教会の迫害とパウロの宣教活動

18 初代教会と迫害

聖霊降臨（ペンテコステ）の出来事は教会の誕生日として記憶され、そこから教会の活動が広がっていきます。イエスが昇天するとき、弟子たちには大きな使命が与えられていました。それは、すべての人々を弟子とするということでした（マタイ28：16-20、マルコ16：14-20、ルカ24：44-53、使徒言行録1：6-8）。そして、そのときに与えられた約束が、神からの聖霊の働きだったのです。

ここでは、どのようにして教会が広がっていったのかを学んでいきましょう。

迫害の時代

イエスの弟子たちは、逮捕を恐れて隠れて生活をしていましたが、聖霊降臨以降は、堂々と人々の前に姿を現して宣教活動を始めました。「あなたがたが十字架につけたこのイエスを、神は主とし、またメシアとなさったのです」と堂々と説教し始めたのです（使徒言行録2：14以下、特に2：36）。

これは、イエスを信じた人々にとっては救いの説教でしたが、イエスを十字架につけた人々にとっては告発の言葉でした。告発されたと感じた人々は、弟子たちを迫害しました（使徒言行録5：17以下）。それはユダヤ教の祭司や議員、長老たちでした。

石打ちにされるステファノ（中世フランス絵画）：画面右はステファノが投獄されている場面です。

彼らは弟子たちを捕えて牢屋に入れ、脅し、イエスの名によって話すなと命じました。しかし、そのような祭司たちの脅しにもかかわらず、弟子たちの活動は活発になり、信者も増えて多くの奇跡が行われました。そこでさらに使徒たちに対する迫害が行われます。投獄と、鞭打ちと、脅しでした。しかし、弟子たちはイエスの名によって受ける辱めを、神から与えられた喜びとして福音を語り続けたのです。

ステファノの死とさらなる迫害

弟子たちの数は増え、その中から、使徒の仕事を助けるために7人の人物が選ばれました。その中の1人がステファノでした。信仰と聖霊に満ちている人と紹介されています（使徒言行録6:1-6）。

そのステファノの説教を聞いて憤慨した人々は、無理矢理に彼を逮捕し、最高法院に連れ込み、裁判の席につけました。そこでは、彼を陥れようとする偽証がなされました。

それに対して、ステファノの説教は大胆で堂々としたものでした（使徒言行録7章）。創世記のアブラハムの時代から始めて、イスラエル民族全体の歴史を語る説教で、最後のまとめでは、イスラエルが預言者たちの言葉を受け入れずに彼らを迫害したこと、そして今また「正しい方」（使徒言行録7:52）であるイエス・キリストを殺す者となったと非難します。イエスを殺したのも、預言者たちを殺したのも、同じ罪の業なのだと告発したのです。

周りで聞いていた人々は激しく怒り、ステファノを町の外に引きずり出します。そして石を投げつけて殺してしまったのです。ステファノの最後の言葉は「主よ、この罪を彼らに負わせないでください」（使徒言行録7:60）という、人々に対する主の赦しを願う、とりなしの祈りの言葉でした。

エルサレムの町にいた仲間たちは、ステファノの死後、さらに大きな迫害を受け、エルサレムから地方へと追いやられました。使徒言行録によれば、ユダヤとサマリア地方に散って行ったと記されています（使徒言行録8:1-3）。エルサレムから散らされた人々のことをディアスポラと呼びます。

広がる教会 散らされて行った人々は、行った先々の町や村で、福音を告げ知らせることを忘れませんでした（使徒言行録8：4-40）。その中の1人、フィリポはサマリアに入りました。フィリポの語る神の国とイエス・キリストの福音は人々の心を動かし、たくさんの人々が洗礼（バプテスマ）を受けました。フィリポの活躍を聞いた使徒ペトロとヨハネもサマリアに入り、聖霊を受けるよう人々に勧め、サマリアにもキリスト者が生まれました。

フィリポは聖霊の働きを受けて、ガザへ下る道へとさらに歩みを進めました。そこで出会ったのが、エチオピアの女王カンダケに仕える役人です。この役人は、エルサレムでの礼拝からの帰りでした。役人がイザヤ書53章の言葉の意味を尋ねると、フィリポは、苦難の僕（しもべ）として描かれるこの人こそがイエス・キリストであると解き明かします。フィリポの言葉を受け入れ、役人は洗礼を受けました。

こうして、エチオピアをはじめとするアフリカ大陸にもキリスト教は広がっていきました。迫害というマイナスの出来事がプラスの方向に用いられることもあるということが、使徒言行録には数多く描かれています。

使徒言行録8章の最後のまとめの言葉によると、フィリポは「すべての町を巡りながら福音を告げ知らせ、カイサリアまで行った」（使徒言行録8：40）とあります。ガザからカイサリアまでは約100キロの道のりですが、通り過ぎる町や村で、フィリポが生き生きと福音を告げ知らせながら歩き続ける姿が見えてくるようです。

19
パウロ①：迫害と回心

ステファノの死の場面で　ステファノが石を投げられて殺害される場面に、1人の男の名前が記されています。

「証人たちは、自分の上着を脱いで、サウロと言う若者の足元に置いた。」（使徒言行録7:58）

「サウロは、ステファノの殺害に賛成していた。」（使徒言行録8:1）

このサウロという若者が後にパウロと呼ばれ、キリスト教の働きを担う偉大な人物になることを、殺されるステファノもサウロ自身も、そのときは知るよしもありませんでした。

教会を荒らすサウロ　「サウロは教会を荒らし、家々に入って、男女を問わず引き出して牢（ろう）に送っていた。」（使徒言行録8:3）

当時、サウロはユダヤ教の有名な学者ガマリエルの指導を受けて律法（りっぽう）の勉強をしていました（使徒言行録22:3）。熱心なユダヤ教徒からすれば、イエスは自分をメシア（救（すく）い主（ぬし））と称する大うそつきでした。十字架につけられて殺されたような人物がメシアであってはならないのです。ユダヤ教徒にとってキリスト教徒たちは、牢屋に入れてこらしめ、黙らせなければならない存在でした。

サウロの回心

サウロは大祭司から手紙をもらい、ダマスコという町でキリスト教徒たちを捕え、エルサレムへ連行する計画を立てました。しかし、ダマスコへの途上で、ある出来事が起こります。

サウロがダマスコに近づいたとき、天からの光が彼の周りを照らし、「サウル、サウル、なぜ、私を迫害するのか」（使徒言行録9:4）と呼びかける声を聞いたのです（サウルはアラム語でサウロのこと）。「主よ、あなたはどなたですか」とのサウロの問いかけに、「私は、あなたが迫害しているイエスである」との答えがありました（使徒言行録9:5）。

サウロは目が見えなくなり、手を引かれてダマスコの町に入りました。そこで、アナニアというイエスの弟子に出会います。主からの呼びかけによって、サウロの目を元通りに戻すよう命じられていたアナニアがサウロに手を置いて祈ると、サウロの目からうろこのようなものが落ちて、彼は見えるようになりました（使徒言行録9:10-18）。サウロは、自分が迫害してきたイエスがキリスト（救い主）だと気づいたのです。

パウロ像（テッサロニキ）

彼は洗礼を受けて、キリスト者になりました。このように、生き方の方向や価値観が大きく変わることを回心と呼びます。

20
パウロ②：第１回宣教旅行

サウロへの不信

サウロは洗礼を受け、ダマスコの町にいたイエスの弟子たちと一緒に過ごしました。そして、「この人こそ神の子である」（使徒言行録9 : 20）とイエスのことを宣（の）べ伝え始めました。「イエスがメシアであることを論証し、ダマスコに住んでいるユダヤ人をうろたえさせた」（使徒言行録9 : 22）とあるように、サウロの言動はユダヤ人たちを非常に驚かせました。サウロがダマスコに来たのは、これまでと同様、キリスト教徒を捕え、縛り上げるためだとユダヤ人たちが思っていたからです。

サウロの回心（かいしん）は、イエスの存在を認めないユダヤ人たちにとっては困ったことでした。サウロを殺そうとたくらむユダヤ人たちが現れ、サウロの新しい仲間たちはサウロを守り、逃がさなくてはなりませんでした（使徒言行録9 : 23-25）。

サウロの変化はあまりにも急でしたから、キリスト教徒の中にも、サウロを受け入れられないという人々が現れました。イエスの弟子だとは信じられずに恐れたのです。それほどに、かつてのサウロはキリスト教徒にとって恐ろしい存在だったのです（使徒言行録9 : 26）。

アンティオキア

使徒言行録に出てくる町に、アンティオキアがあります。この町は、サウロの宣教旅行の出発地として知られ、使徒言行録に何回も登場します。

この町には、エルサレムからバルナバが派遣されていました。バルナバは、ギリシア語もよく話すサウロをアンティオキアに連れて来て、一緒に多くの人々を教えました（使徒言行録11：19-30）。そうした活動が実り、ここアンティオキアで、弟子たちが初めて「キリスト者」（使徒言行録11：26）と呼ばれるようになったのです。

第１回宣教旅行

バルナバとサウロは、アンティオキア教会の礼拝の中で、聖霊の導きを受け、宣教旅行へと出発しました。異邦人（ユダヤ人以外の人たち）への宣教活動の本格的な開始です（使徒言行録13：1-3、13：4以下）。

地方総督の改宗（ラファエロ、1515年）：パフォスで魔術師と対決するパウロが描かれています。

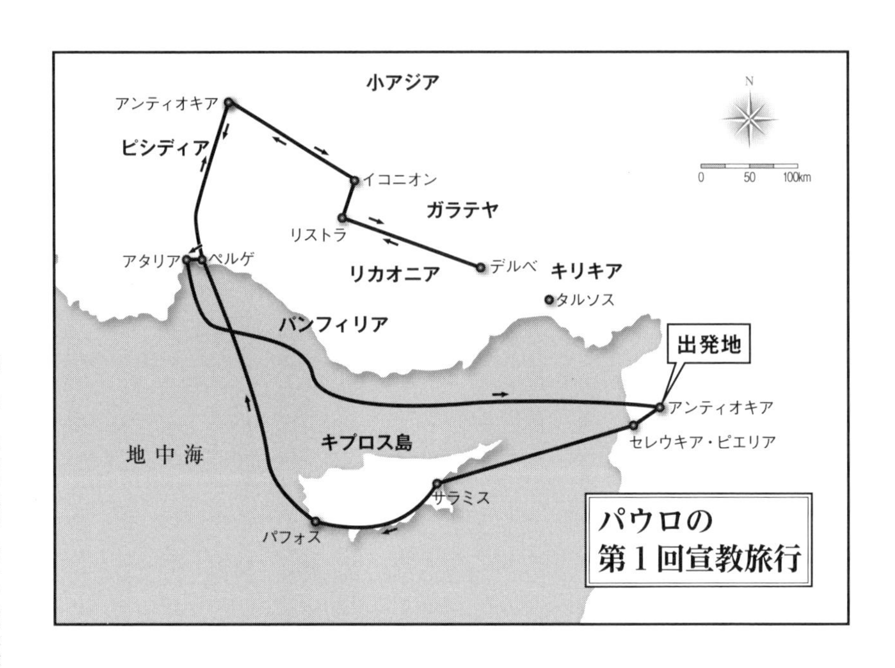

まずセレウキアという港町へ移動し、船で最初の訪問地キプロス島をめざしました。そして、島の中の町パフォスで、偽預言者バルイエスと出会います。バルイエスは、魔術を使って町の人々をだましていましたが、サウロたちの力によって活動できなくなりました。この出来事を見た町の総督セルギウス・パウルスもキリスト教の信仰に入りました。

一行は、キプロス島から船出してパンフィリア州のペルゲ、さらに進んでピシディア州のアンティオキアに到着し、ユダヤ人の会堂で福音を語りました。このときの安息日の礼拝での説教は町の人々の心を動かし、次の安息日にも来て話してほしいと頼まれるほどでした。ところが、ユダヤ人の中にはサウロたちをねたみ、口汚くののしる人が出てきました。

この第1回宣教旅行から、サウロはパウロというギリシア語の呼び名に変えられていきます（使徒言行録13：9以下）。

困難と発展　パウロたちの宣教活動によって、主（しゅ）の言葉はその地方全体に広まりましたが（使徒言行録13：49）、同時に大きな反対活動や混乱も起こりました（使徒言行録13：50-14章）。

イコニオンの町では、ユダヤ人の会堂で話を聞いた大勢のユダヤ人やギリシア人が信仰に入りましたが、一方では信じようとしないユダヤ人たちがいて、異邦人をあおり立て、パウロたちに悪意を抱かせました。

また、リストラの町では、信仰心のある足の不自由な人をパウロが癒（い）やしたところ、それを見た群集が、バルナバのことをゼウスと呼び、パウロのことをヘルメスと呼んで、彼らを神格化しました。このことを聞きつけたバルナバとパウロは、次のように叫んで言いました。「皆さん、なぜ、こんなことをするのですか。私たちも、あなたがたと同じ人間にすぎません。あなたがたが、このような偶像を離れて、生ける神に立ち帰るように、私たちは福音を告げ知らせているのです」（使徒言行録14：15）。しかし、ユダヤ人たちは、わざわざアンティオキアとイコニオンからやって来て、群集を巻き込んで、パウロに石を投げつけたのです。

このように、パウロたちの教えと行動と不思議な業（わざ）によって、人々は心からの神への信仰を持ったり、病人を癒やすパウロたちを神格化したり、自分たちの存在を脅かす敵対者と見なしたりして、さまざまな反応を示しました。

21
パウロ③：第2回宣教旅行

エルサレムの使徒会議

パウロとバルナバによる異邦人への宣教活動の成果は、エルサレム教会の人々も知るところとなりました。しかし、ユダヤ人以外のキリスト教徒（異邦人キリスト者）をどのように受け入れるかについての統一見解は、まだ定まっていませんでした。彼らにユダヤ人の生活習慣を守らせるのかどうかといった受け入れの基本姿勢を考える前に、異邦人キリスト者が増えてしまったので、混乱していたのです。

一部のユダヤ人たちは「異邦人にも割礼を受けさせて、モーセの律法を守るように命じるべきだ」（使徒言行録15：5）と主張していました。割礼とは男性器の包皮を切り取ることで、旧約時代からユダヤ人男子は生後8日目に割礼を受けていたのです。

そこで、使徒や長老たちが集まり、この問題について協議を行いました（使徒言行録15：6）。

結論として、異邦人キリスト者あてに次の内容が文書にして通知されました。「偶像に献げた肉と、血と、絞め殺した動物の肉と、淫らな行いとを避けることです。以上を慎めばよいのです」（使徒言行録15：29）。つまり、割礼のあるなしは、問題にされなかったのです。

第2回宣教旅行

その後、パウロは第2回宣教旅行へ出発します。今回、バルナバはマルコを連れてキプロス島へ向かいました。パウロはシラスを選び、テモテも加えて、第1回宣教旅行で訪れた町へもう一度行くことになりました（使徒言行録15 : 36-18 : 22）。

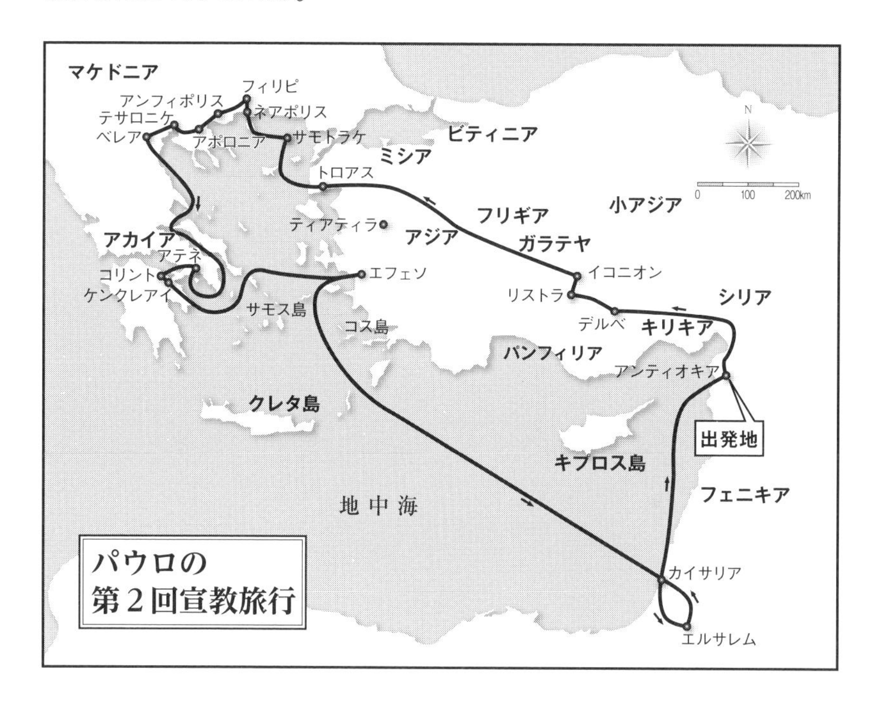

パウロの
第2回宣教旅行

Question

パウロが訪れた以下の町や地方を地図で確かめながら、パウロの旅がどのようなものだったのか、想像してみましょう。

デルベ、リストラ、イコニオン、ガラテヤ地方、フリギア地方、ミシア地方、トロアス、マケドニア州、フィリピ、アンフィポリス、アポロニア、テサロニケ、ベレア、アテネ、コリント。

人々との出会い

パウロたちの宣教旅行は、決して順風満帆ではありませんでした。しかし、パウロたちを励(はげ)まし、祈りを合わせてくれる人々との出会いがありました。

たとえば、フィリピの町ではティアティラ出身のリディアという女が家族も共に洗礼を受けました（使徒言行録16：14-15)。また、パウロたちが投獄されていた牢(ろう)の看守は、パウロたちを自分の家へ連れて行き、打ち傷を洗った後、自分も家族も洗礼を受けたのです（使徒言行録16：33-34)。

コリントの町では、ポントス州出身のアキラとその妻プリスキラとの出会いがありました。この2人はパウロと一緒にテント造りの作業を行いました。そして、パウロたちは2人の家に住み込んで、夫婦と共に宣教活動を続けたのです（使徒言行録18：1-4)。

第2回宣教旅行で訪れたフィリピでパウロが入っていたとされる牢屋

パウロが第2回宣教旅行で訪れたテッサロニキ

第2回・第3回宣教旅行で訪れたコリントでパウロが説教をしたとされる場所

パウロが第3回宣教旅行で訪れたギリシア・コス島

パウロがローマへの旅の途中に立ち寄ったギリシア・クレタ島

クレタ島でパウロが生活していたとされる洞窟

ローマへの旅の途中でパウロたちが乗っていた船が打ち上げられたマルタ島

22
パウロ④：第3回宣教旅行

第3回宣教旅行

しばらくして、パウロは第3回宣教旅行に出発します（使徒言行録18：23以下）。ガラテヤやフリギアの地方を巡回し、すべての弟子たちを力づけながら、やがてエフェソに到着しました。

当時エフェソにはアキラとプリスキラ夫妻がいました。夫妻はそこで、雄弁家（ゆうべんか）アポロと出会います。エフェソの会堂（かいどう）で堂々と語るアポロに、夫妻はもっと正確に神の道について説明をしました。その後、アポロはアカイア州に移動することを望んだので、夫妻はその州にいたキリスト者たちにアポロを歓迎してほしいと手紙を書いて、アポロを送り出しました（使徒言行録18：24-27）。

パウロがエフェソに到着したのは、アポロが移動した後でした。ティラノという人の講堂でパウロは2年間教え続け、「アジア州に住む者は皆、ユダヤ人もギリシア人も主（しゅ）の言葉を聞くことになった」（使徒言行録19：10）と言われています。

ユダヤ人の祈禱師たち

祭司長（さいしちょう）スケワの7人の息子たちは、パウロたちの活躍を見て自分たちもイエスの名を唱えて悪霊（あくれい）を追い出してみようと試みました。しかし、結果は失敗に終わり、悪霊からも「イエスのことは知っているし、

エフェソでの聖パウロの奇跡（ジャン・レストゥー、1693年）

パウロのこともよく知っている。だが、一体お前たちは何者だ」（使徒言行録19 : 15）と言われ、ひどい目にあわされてしまいました。

この出来事を通して人々はイエスの名を大いにあがめるようになり、主の言葉は力を増して人々に広がっていきます（使徒言行録19 : 20）。

エフェソでの騒動

パウロのエフェソ滞在中には、ただならぬ騒動も起きました（使徒言行録19 : 21以下）。

デメトリオという銀細工師は、エフェソの町でアルテミス神殿の銀細工の模型をつくらせて、多くの職人たちに利益を得させていました。しかし、パウロが「手で造ったものなど神ではない」（使徒言行録19 : 26）と人々を説き伏せていたので、このままでは自分たちの仕事の評判が悪くなり、女神アルテミスの威光も失われてしまうと仕事仲間を集めて訴えました。

これを聞いたエフェソの町の多くの人々がデメトリオに同調し、町中が大騒ぎになったのです。やがて、町の書記官が群衆をなだめ、騒ぎは2時間ほどでおさまりました。

マケドニア州からエルサレムへ

パウロは、マケドニア州、トロアス、アソス、ミティレネ、サモス島、ミレトスと周り、エルサレムへ行く旅を急ぎました。ユダヤ人が大切にしていた五旬祭(ごじゅんさい)を守りたいと思っていたからです。エフェソへ立ち寄ることはせず、エフェソの教会の長老(ちょうろう)たちにミレトスまで来てもらいました。別れの場面でパウロは、長老

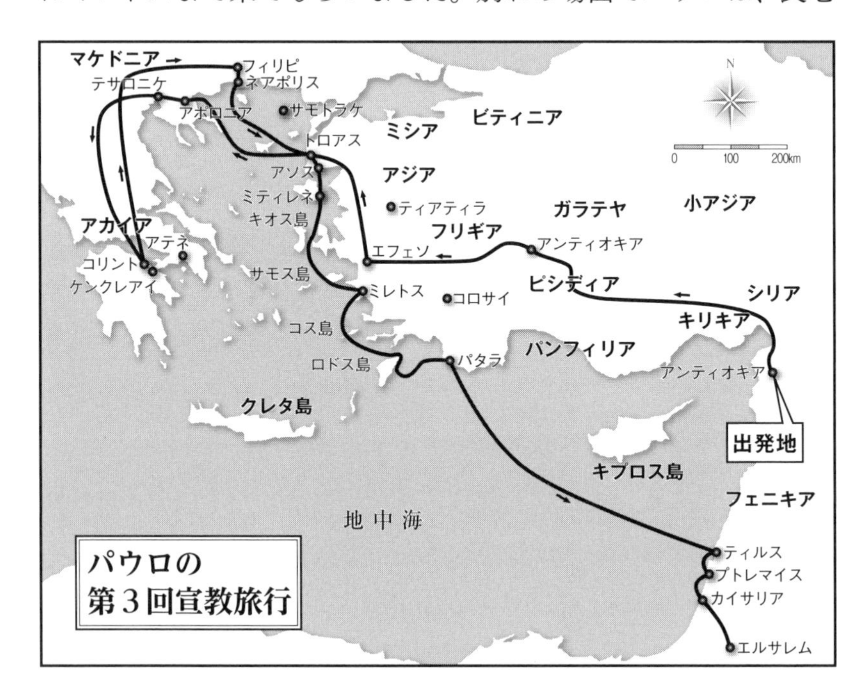

パウロの
第3回宣教旅行

たちに次のような大変印象深い言葉を送ります。

「霊(れい)に促がされてエルサレムに行きます。そこでどんなことがこの身に起こるか、何も分かりません。〔中略〕しかし、自分の決められた道を走り抜き、また、神の恵みの福音を力強く証(あか)しするという主イエスからいただいた任務を果たすためには、この命すら決して惜しいとは思いません。」(使徒言行録20:22-24)

もう二度と会うことがないだろうと言うパウロの言葉に長老たちは心を痛めながら、共に歩んだ3年間をしっかりと心に刻んで、パウロを船まで見送りました。

やがてカイサリアに到着したパウロは、フィリポの家に泊まりました。フィリポはかつて、あの殉教(じゅんきょう)したステファノとともに、使徒(しと)の仕事を助けるために選出された7人のうちの1人でした(使徒言行録6:1-5)。

フィリポの家に滞在中、預言者(よげんしゃ)アガボが現れました。彼は、パウロがエルサレムに行けば逮捕され縛られると預言しますが、パウロはその覚悟はできていると言って、自らの身の危険を顧みず、エルサレムへと歩みを進めたのです(使徒言行録21:1-16)。

Question

地図で以下の地名を確かめながら、パウロの旅がどのようなものだったのか、想像してみましょう。

コス島、ロドス島、パタラ、フェニキア、ティルス、プトレマイス、カイサリア。

23
パウロ⑤：ローマへの旅

ローマへの思い　エルサレムへ行く決心をしたパウロには強い希望がありました。「私はそこに行った後、ローマも見なくてはならない。」（使徒言行録19 : 21）

「すべての道はローマに通ず」と言われるように、当時のローマ帝国は強大であり、経済力、軍事力などすべての点でローマが世界の中心でした。パウロがなぜローマをめざしていたのか、聖書には何も書かれていません。福音を宣(の)べ伝えるためには世界の中心に行かなければならないという思いが彼の中にはあったのかもしれません。

また、パウロはローマ帝国の市民権を持っていました。フィリピの町で裁判の席につけられた際に、自分はローマ帝国の市民権を持つ者だと主張し（使徒言行録16 : 37）、自分には正当な裁判を受ける権利があると訴えました。裁判も受けずに鞭(むち)で打たれ、投獄され、ひそかに釈放されるようなことがあってはならないとパウロは言ったのです。

エルサレムでの逮捕・裁判　エルサレムに入ったパウロは、仲間たちが恐れていた通り、キリスト教に反対するユダヤ人たちの策略によって逮捕されました（使

聖パウロの逮捕（ルーカ・ディ・トンメ、14世紀）

徒言行録21 : 27-30）。エルサレムの町中が大騒ぎになり、ローマの兵隊たちがパウロの身柄を守るために兵営に連れて行こうとしたとき、パウロは弁明を始めました（使徒言行録21 : 37-22 : 21）。

パウロは自身の回心の経験や異邦人のための宣教者になったこと、ステファノが石で打ち殺されたことも力強く語りました。しかし、弁明を聞いていた群衆にとって、それは自分たちの過去の罪に対する告発になっていました。人々はわめきたて、パウロへの怒りをあらわにしました。

この場面で、パウロは百人隊長に言います。「ローマ市民を、裁判にかけずに鞭で打ってもよいのですか」（使徒言行録22 : 25）。百人隊長から報告を受けた上司の大隊長は、ユダヤ人たちに最高法院の召集を命じました。正当な裁判をしなければならないと受け止めたからです。

パウロは最高法院で取り調べを受けました。そしてその夜、彼は主の声を聞きます。「勇気を出せ。エルサレムで私のことを力

強く証ししたように、ローマでも証しをしなければならない。」（使徒言行録23 : 11）

ローマ帝国の法廷に立つ

パウロの訴えを聞いた大隊長は、ユダヤ人の最高法院ではなく、ローマ帝国の総督フェリクスの前で裁判を受けさせるため、総督が滞在していたカイサリアへパウロを護送しました（使徒言行録23 : 23-35）。大祭司アナニアと長老数名は弁護士テルティロとともにフェリクスの前でパウロを告発しました（使徒言行録24 : 1）。

いよいよ裁判の始まりです。フェリクスはパウロに罪を認めようとは思いませんでしたが、パウロを監禁し続けました。

2年たって、総督フェリクスの後任としてフェストゥスが赴任しました。ユダヤ人のおもだった人々は早くパウロの件に決着をつけたいと思い、パウロには重い罪があると言い立てましたが、立証できません。ユダヤ人に気に入られようとしたフェストゥスは、パウロに尋ねます。「エルサレムに上って、そこでこれらのことについて、私の前で裁判を受けたいと思うか」（使徒言行録25 : 9）。それに対して、パウロはこう答えたのです。「私は、皇帝の法廷に出頭しているのですから、ここで裁判を受けるのが当然です。〔中略〕私は皇帝に上訴します。」（使徒言行録25 : 10-11）

アグリッパ王と妻のベルニケもパウロに興味を持ち、フェストゥスとともにパウロの弁明を聞きましたが（使徒言行録25 : 13-26章）、死刑や投獄にあたるようなことは何も見つかりませんでした。アグリッパ王は言いました。「あの男は皇帝に上訴さえしていなければ、釈放してもらえただろうに。」（使徒言行録26 : 32）

ローマでの生活

こうしてパウロにとって念願のローマへの旅が始まりました（使徒言行録27-28章）。しかし、普段は穏やかな地中海も、航海にとってふさわしくない季節だったため、風と波とで船は難破してしまいます（使徒言行録27：39-44）。パウロたちはマルタ島に打ち上げられますが、島の人々の親切な対応を受けます。難破してから3か月後、ようやくパウロはローマへ到着しました。

ローマにはすでに信者たちがいましたし、パウロから話を聞きたいと願っている人々もいました。比較的自由に、パウロは当時の世界の中心地ローマで生活をしながら、神の国を宣べ伝え、主イエス・キリストについて教え続けたと使徒言行録は結んでいます（使徒言行録28：30-31）。

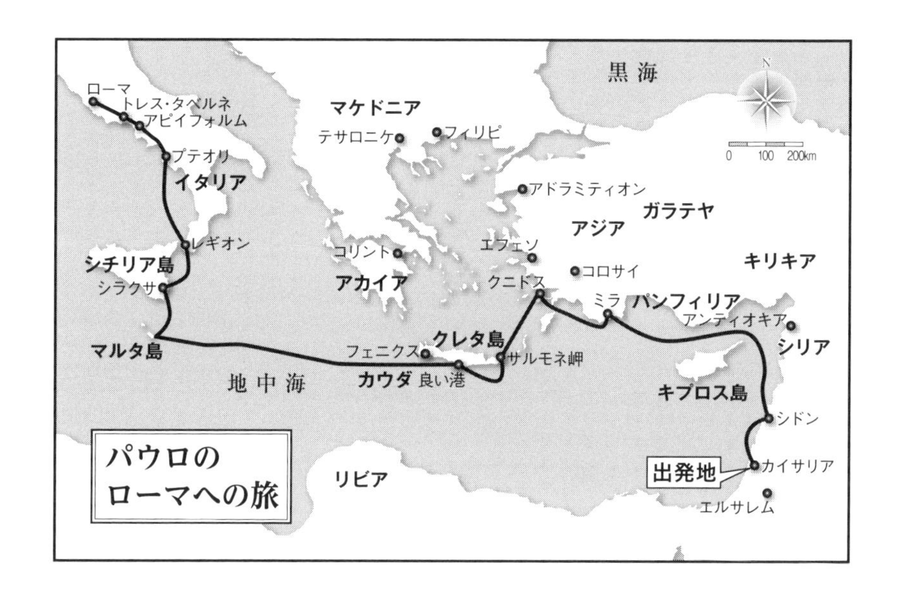

第5章
手紙と黙示文学

24
パウロの手紙とパウロ以外の手紙

新約聖書の中には「手紙」と名のつく文書が全部で21あります。そのうち、「使徒（しと）パウロから○○へ」といった形で、パウロの名前で書かれている手紙は13あります。ここでは、パウロの手紙とパウロ以外の手紙に分けて見ていきます。

パウロの手紙

パウロの手紙には、ローマの信徒への手紙、コリントの信徒への手紙一・二、ガラテヤの信徒への手紙、エフェソの信徒への手紙、フィリピの信徒への手紙、コロサイの信徒への手紙、テサロニケの信徒への手紙一・二、テモテへの手紙一・二、テトスへの手紙、フィレモンへの手紙があります。しかし、新約聖書の最新の研究によって、そこで使用される単語や言い回しの分析、時代考証などが行われた結果、パウロが直接書いた手紙と、パウロの名前を借りて弟子たちが書いた手紙があることがわかっています。

パウロの手紙は、その内容や性格によって、以下のように分類されることがあります。

四大書簡　ローマの信徒への手紙、コリントの信徒への手紙一・二、ガラテヤの信徒への手紙の4つは、ほかの手紙に比べて質・量ともに充実しているので、四大書簡と呼ばれます。たとえ

使徒たちに手紙を渡す聖パウロ（13世紀）

ば、ローマの信徒への手紙には「信仰によって義とされて」（ローマの信徒への手紙5：1以下）という大切な言葉があります。コリントの信徒への手紙一13章には、特に「愛の賛歌」と呼ばれる愛についての教えがありますし、コリントの信徒への手紙二11章には「使徒としてのパウロの労苦」として、数々の試練に遭遇したパウロの経験がつづられています。また、ガラテヤの信徒への手紙では、「キリスト者の自由」（ガラテヤの信徒への手紙5：2-15）が示されています。これらに着目して読むことで、各書の特徴を理解することができるでしょう。

獄中書簡　エフェソの信徒への手紙、フィリピの信徒への手紙、コロサイの信徒への手紙、フィレモンへの手紙の4つは、パウロが牢屋(ろうや)に入れられている間に書かれたとされている手紙なので、このように呼ばれています。

牧会書簡　テモテへの手紙一・二、テトスへの手紙の3つは、教会のあり方について書かれており、牧会書簡と呼ばれています。パウロの時代よりもっと後に書かれたと考えられており、教会の制度が整い、教会活動が定着した様子が読み取れます。

パウロ以外の手紙

ヘブライ人への手紙　イエスのことを大祭司(だいさいし)と呼ぶ点に特色がある手紙です。イエスは天地創造の最初から神の子として存在し、アブラハムよりもモーセよりも偉大であると言います。大祭司としてのイエスは試練にあう使命を持ち、罪のための供え物(そなえもの)として自分をささげたと教えます(ヘブライ人への手紙5:3)。イエスは「信仰の導き手であり、完成者である」(ヘブライ人への手紙12:2)とされ、十字架の死を堪え忍んだ贖い主(あがないぬし)として描かれます。

公同書簡　以下の7つの手紙は公同書簡と呼ばれています。どこか特定の教会にあててではなく、広範囲の教会で読んでもらうために書かれているので、公同という名がつけられています。

ヤコブの手紙　行動を伴う信仰が大切であると語る手紙です。宗教改革の時代に、マルティン・ルターが「藁(わら)の書簡」と呼んだことで有名になりました。人は信仰によってのみ救われるという宗教改革の精神とは相容れない内容を持っているとルターは評価したのです。確かに、「御言葉(みことば)を行う人になりなさい」(ヤコブの手紙1:22)、「その行いによって幸いな者となるのです」(ヤコブの手紙1 : 25)、「行いが伴わなければ、何の役に立つでしょうか」（ヤコブの手紙2 : 14）と書かれているように、信仰の行い（行動）を強調した手紙です。信仰は、祈る、礼拝する、賛美する、施すといった目に見える行動を伴うことがあります。信仰と生活は切り離すことができませんから、生活の中で示されるものが信仰であると言えるでしょう。

ペトロの手紙一・二　試練や忍耐について語る手紙です。キリスト教への迫害が非常に激しい時代に書かれたものかもしれません。「火のような試練を、何か思いがけないことが起こったかのように、驚き怪しんではなりません」（ペトロの手紙一4 : 12）と言い、どれほど敵が襲ってきても、信仰に踏みとどまるよう勧める言葉が記されています。

ヨハネの手紙一・二・三　「神は愛です」（ヨハネの手紙一4 : 16）とこの手紙は語ります。神の愛がイエスを通して示され、その愛を受けた私たちが兄弟姉妹を愛する者になっていくというのがこの手紙の主張です。「神を愛する者は、自分のきょうだいも愛すべきです。これが、私たちが神から受けた戒めです」（ヨハネの手紙一4 : 21)。互いに愛し合うこと、それがこの地上で私たちがなすべき行動だと教えています。

ユダの手紙　章による区切りがない短い手紙です。正典の中に入れるかどうかが議論されてきた歴史があり、その内容の理解をめぐっては意見がいろいろと分かれています。教会が発展していく時代の中で、偽教師への警告が語られている手紙です。

25
ヨハネの黙示録

新約聖書最後の不思議な書物

黙示とは神の意志を暗黙のうちに伝えるという意味で、黙示文学は旧約聖書の時代から、ダニエル書やヨエル書などでも用いられてきた文学形式です。新約聖書では最後に置かれており、新約唯一の預言書と呼ばれたり、最も難解な書物と言われたりすることもあります。

パトモス島のヨハネ（18世紀）

ヨハネの黙示録が書かれたのは、キリスト教がローマ帝国から最も厳しい迫害を受けていた時代、皇帝ドミティアーヌスの治世の末期（A.D.90～95年ごろ）と考えられています。迫害を受けないようにして何かを語るためには、仲間内だけで通じる言葉、秘密を隠しつつ示すような言葉を用いなければならず、それだけ難しい表現になるのです。

ヨハネの黙示録の物語は、序文とアジア州の7つの教会にあてた手紙に続いて、4章で天上の礼拝の様子を描くところから始まります。天には玉座(ぎょくざ)が設けられていて、神が座っています。玉座の前には「小羊が屠(ほふ)られたような姿で」(ヨハネの黙示録5:6)立っていて、その小羊が秘密の巻物の封印を1つずつ解いていきます。第7の封印が解かれたとき、「天は半時間ほど静寂に包まれた」(ヨハネの黙示録8:1)。この静けさの後、7つのラッパを持った7人の天使が登場し、1つずつラッパを吹いていきます。そして、ラッパが吹かれるたびに、不思議な出来事が繰り広げられていくのです。

こうした個々の表現が何を意味するのかは難しい問題ですが、ヨハネの黙示録が、ローマ帝国による激しい迫害の中で、信仰を持って生きる人々を励(はげ)まし、希望を与えるために書かれた書物であることは間違いないでしょう。

数字の意味 ヨハネの黙示録に出てくる数字には、それぞれ意味があります。いくつか紹介しましょう。

7 「七つの教会」「七つの霊(れい)」(ヨハネの黙示録1:4)などの表現で出てきます。7は、聖なる数である3(父と子と聖霊(せいれい)の三位一体(さんみいったい)など)と4(天地の四方、4福音書など)を足した数として、キリスト教ではとても大切にされています。

12 3の4倍の数で、重要な数字です。イスラエルには12の部族があり、イエスは最初の弟子として12人を選びました。ヨハネの黙示録21章9節から21節では「新しいエルサレム」の様子が描かれていますが、そこには12という数字がたくさん出てきます。「十二の門」「十二人の天使」「十二部族」「十二の土台」

「十二使徒の十二の名」「十二の門は十二の真珠」などです。新しいエルサレムでも、12という数字が大切にされているのです。

42　「四十二か月」（ヨハネの黙示録11：2、13：5）は3年半のことで、不完全を意味します。36か月なら3年でちょうど割り切れます。3日半も完全ではないことを意味します。

666　「獣の数字」と呼ばれ、キリスト教を厳しく弾圧したローマ皇帝ネロを意味すると言われています。「皇帝ネロ」という言葉のギリシア文字をヘブライ文字に置き換え、その文字が表す数字をすべて加えると、666になるためです。「ここに知恵がある。理解ある者は、獣の数字の持つ意味を考えるがよい。数字は人間を指している。そして、その数字は六百六十六である」（ヨハネの黙示録13：18）。また、6は不完全であることを表します。

14万4千　144が12の2乗（12×12）であることから、完全な数字を意味します。神の僕として刻印を押された人々の数（ヨハネの黙示録7：4）、小羊と共にいる人々の数（ヨハネの黙示録14：1）が14万4千と記されていますが、これらの人たちは神と共にいる祝福された人たちのことです。

象徴的な言葉　数字のほかにも、個々に特別な意味を持った象徴的な言葉がヨハネの黙示録には出てきます。

最後の裁き（ヨハネの黙示録20：11以下）　神ではないものが支配するこの世界は一度すべてが裁かれ、そして神を中心とした完成された世界へと進んでいくという意味が込められています。この書物が書かれた当時のローマ帝国による迫害の厳しさが読み取れます。

千年間の支配（ヨハネの黙示録20 : 1以下）　神が支配する王国が1,000年単位で到来するという考え方を表した言葉です。西暦を1,000年単位で区切ったものを英語でmillenniumと言います。

新しい天と新しい地（ヨハネの黙示録21 : 1以下）　現在の世界が完成された世界である「新しい天と新しい地」へと変わり、「新しいエルサレム」が天から降ってくるという考え方を反映した言葉です。新しい世界は、次のように描かれています。「見よ、神の幕屋が人と共にあり、神が人と共に住み、人は神の民となる。神自ら人と共にいて、その神となり、目から涙をことごとく拭い去ってくださる。もはや死もなく、悲しみも嘆きも痛みもない。」（ヨハネの黙示録21 : 3-4）

キリストの再臨（ヨハネの黙示録22 : 6以下）　すべてが新しくされた世界には、復活したイエスが再臨する（再びやって来る）とされています。「私はアルファでありオメガ、最初の者にして最後の者、初めであり終わりである」（ヨハネの黙示録22 : 13）というイエスが、「然り、私はすぐに来る」（ヨハネの黙示録22 : 20）と約束します。

ヨハネの黙示録は「主イエスよ、来りませ」（ヨハネの黙示録22 : 20）という言葉で締めくくられます。この言葉は、アラム語で「マラナ・タ」と言います。この「マラナ・タ」は、21世紀の現在も祈りの言葉として用いられますし、主を迎えるのにふさわしい世界をつくり上げるという私たち人間の使命（ミッション）を思い起こさせる言葉です。

資　料

旧約と新約のつながり

聖書には旧約と新約がありますが、こういうことを言う人がいます。「イエスがキリスト（救い主）であると書いてあるのは新約聖書なのだから、聖書は新約聖書だけでよいのではないか」。旧約聖書はいらないのではないかという疑問です。キリスト教は、旧約と新約を合わせた66巻からなる聖書を正典としてきました。なぜ旧約と新約の両方が必要なのか、その理由を考えてみましょう。

イエスの誕生は突然か

イエスの誕生物語が新約聖書には出てきます。新約の時代にイエスの出来事を見た人々は、それを旧約で預言されていたことが実現したととらえました。このイエスこそ、旧約で言われていたメシアであるという信仰です。旧約の預言の言葉がなければ、誰もそのような信仰を持つことはできなかったでしょう。

以下のような記号を見たことがありますか。

$$\text{O.T.} \Rightarrow \text{I}\cdot\text{X} \Leftarrow \text{N.T.}$$

旧約（O.T.）はイエス・キリスト（I・X）を預言し、新約（N.T.）はイエス・キリストを証言しているという意味の記号です。つまり、旧約で約束され、預言されてきたイエスは、新約で誕生して実現したという意味です。イエスの誕生は突然や偶然ではなく、旧約の約束が果たされたということなのです。
　たとえば、マタイによる福音書でのイエス誕生の記事では、「その名はインマヌエルと呼ばれる」（マタイ1：23）と記されています。これはもともと旧約の預言者イザヤが語った言葉で、「その名をインマヌエルと呼ぶ」（イザヤ書7：14）とあります。旧約で約束されていたことが、「インマヌエル」（「神は我らと共にいる」の意味）となって新約で実現したという実例です。
　また、新約の中で「これは聖書の言葉が実現するためである」と出てくるとき、そこで言う聖書は旧約聖書を指します。イエス自身が詩編の言葉を引用しています。
　このように、旧約聖書なしに新約聖書は成立しないし、理解できないのです。

新約の背景としての旧約

　イエスは、ユダヤ人だけの救い主ではなく、世界の救い主となりました。復活のイエスと出会い、ユダヤ教徒からキリスト教徒となり、世界に宣教したのがパウロでした。世界の人々の救い主となったイエスの教えの背景には、旧約の約束があったのです。旧約と新約を合わせて一冊の聖書であることを理解し、学びを進めていきましょう。

使徒信条

使徒信条

我は天地の造り主、全能の父なる神を信ず。

我はその独り子、我らの主、

イエス・キリストを信ず。

主は聖霊によりてやどり、

処女マリヤより生れ、

ポンテオ・ピラトのもとに苦しみを受け、

十字架につけられ、死にて葬られ、陰府にくだり、

三日目に死人のうちよりよみがへり、

天に昇り、全能の父なる神の右に座したまへり、

かしこより来りて、

生ける者と死ねる者とを審きたまはん。

我は聖霊を信ず、聖なる公同の教会、

聖徒の交はり、罪の赦し、身体のよみがえり、

永遠の生命を信ず。

アーメン。

学校礼拝で使われることはあまりないと思いますが、教会の礼拝で大切にされているものの1つに、使徒信条と呼ばれるものがあります。

使徒とはイエスの弟子たちのこと、信条とはキリスト教信仰にとって大切な教えがまとめられたものを指します。実際に使徒たちによってつくられたものではありませんが、彼らが大切にした教えが要約されているので、使徒信条と呼ばれています。

もちろんキリスト教信仰にとって大切なものは聖書です。しかし、聖書を理解し、信仰を受け継いでいく上で重要なものとして使徒信条があるのです。

現在の文章は8世紀のものですが、原型は2世紀ごろにつくられたと考えられています。もともとは、洗礼を受ける人が告白する信仰の基準を定めたものでした。

構成は3つに分けることができます。

- 第1に、父なる神と私たちの創造について。
- 第2に、子なる神と私たちの贖い（あがない）（イエスの十字架の死による罪の赦し）について。
- 第3に、聖霊なる神と私たちの聖化（罪が赦されて永遠の命を与えられるという救い）について。

つまり、使徒信条は、父と子と聖霊の三位一体（さんみいったい）の神を告白する構成になっています。この神を信じ、告白することがキリスト教会にとって真実の信仰であり、教会の根本的な教えであるとされているのです。

新約時代年表

年　代	事　項
B.C. 63	ローマ帝国によるパレスチナ支配開始
37〜4	ヘロデ王在位
27〜A.D.14	ローマ皇帝アウグストゥス在位
7〜4ごろ	イエスの誕生
4〜	ヘロデ王の３人の息子によるパレスチナ分割支配
A.D. 6〜	ローマの地方総督によるユダヤ支配
	アンナス、大祭司となる
14〜37	ローマ皇帝ティベリウス在位
18〜36	大祭司カイアファ在任
26〜36	ローマのユダヤ総督ポンティオ・ピラト在任
28ごろ	洗礼者ヨハネの活動
	イエスの宣教開始
30ごろ	イエスの死
	エルサレムに初代教会誕生
32ごろ	ステファノの殉教
33ごろ	パウロの回心（ダマスコ付近）
47〜48	パウロの第１回宣教旅行（使徒言行録13-14章）
48ごろ	エルサレムの使徒会議
49〜52ごろ	パウロの第２回宣教旅行（使徒言行録15-18章）
	テサロニケの信徒への手紙一・二、このころ執筆
49〜92ごろ	アグリッパ２世在位
53〜58ごろ	パウロの第３回宣教旅行（使徒言行録18-21章）
	コリントの信徒への手紙一・二、ガラテヤの信徒への手紙、フィリピの信徒への手紙、フィレモンへの手紙、ローマの信徒への手紙、このころ執筆

年　代	事　項
54〜68	ローマ皇帝ネロ在位
58〜60ごろ	パウロ、エルサレムで逮捕、カイサリアに監禁
60ごろ	パウロ、ローマに到着、宣教（使徒言行録27-28章）、監禁
	コロサイの信徒への手紙、エフェソの信徒への手紙、このころ執筆
64	ローマで大火、ローマ皇帝ネロによるキリスト者迫害
66〜70	第１次ユダヤ戦争
70	エルサレム陥落、神殿破壊
70ごろ	**マルコによる福音書**、このころ執筆
80ごろ	**マタイによる福音書、ルカによる福音書**、このころ執筆
80〜90ごろ	**ヘブライ人への手紙**、このころ執筆
81〜96	ローマ皇帝ドミティアーヌス在位
90	ヤムニア会議、ユダヤ教の正典（せいてん）確立
90〜95ごろ	**使徒言行録、ヨハネの黙示録、ペトロの手紙一**、このころ執筆
95ごろ	ローマ皇帝ドミティアーヌス、小アジアでキリスト者迫害
95〜100ごろ	**ヨハネによる福音書、ヨハネの手紙一・二・三、ヤコブの手紙、ユダの手紙**、このころ執筆
２世紀前半	**テモテへの手紙一・二、テトスへの手紙**、このころ執筆
132〜135	バル・コクバによる第２次ユダヤ戦争、エルサレムからユダヤ人追放
２世紀中ごろ	**ペトロの手紙二**、このころ執筆

■執筆者

大久保直樹
静岡英和女学院中学校・高等学校

酒井　薫
宮城学院中学校高等学校

■編集責任者

山本真司
同志社国際中学校・高等学校

■編集協力

桃井和馬
写真家・桜美林大学特任教授
本書中の写真はすべて桃井和馬氏撮影・提供。

（所属・肩書きは執筆当時）

■地図・年表主要参考文献……………………………………………

- 『聖書　聖書協会共同訳』日本聖書協会　2018年
- 『新共同訳　聖書事典』日本キリスト教団出版局　2004年
- 『地図と絵画で読む聖書大百科』創元社　2008年
- 『バイブル・プラス』日本聖書協会　2009年

本書の印税は、キリスト教学校教育同盟の活動のために用いられます。

新約聖書の教え
聖書協会共同訳対応版

2021年２月10日　第１版第１刷発行
2023年１月20日　第１版第２刷発行

編　者……
キリスト教学校教育同盟
発行者……
矢　部　敬　一
発行所……
株式会社　創　元　社
https://www.sogensha.co.jp/
〈本社〉〒541-0047 大阪市中央区淡路町 4-3-6
Tel.06-6231-9010　Fax.06-6233-3111
〈東京支店〉〒101-0051 東京都千代田区神田神保町 1-2 田辺ビル
Tel.03-6811-0662
印刷所……
株式会社 太洋社

ISBN978-4-422-14401-6 C1316

本書の感想をお寄せください
投稿フォームはこちらから ▶▶▶▶

A.D. 2 世紀の地中海世界